당돌하게 다르게
후츠파로 키워라

문서영 지음

/ 차례 /

프롤로그

006 • 세계에서 가장 뛰어난 인종, 유대인
008 • 후츠파 정신을 배우자

 1장 권위에 대한 질문
NO! 할 줄 아는 아이로 키워라

012 • 질문과 대화로 권위의 벽을 허무는 유대인
015 • 수업 시간에 무엇을 질문했니? | 아이작 바셰비스 싱어
017 • 자녀와 끊임없이 대화하라 | 마이클 델
019 • 질문하라, 그리고 또 질문하라 | 래리 킹
021 • 권위에 대한 도전으로 최초의 신화를 쓰다 | 레너드 번스타인
024 • 엄마도 사람이라 실수한다 | 칼 포퍼
027 • 부모 자신의 권위를 돌아보자 | 조지 소로스
029 • 엉뚱한 질문을 귀찮아하지 마라 | 토머스 에디슨

 2장 형식 타파
남들처럼? 남들과 다르게!

034 • 남과 다른 창조 정신으로 형식을 타파하라
036 • 인간은 각기 다른 인격을 가진 소우주 | 알베르트 아인슈타인
039 • 자녀의 관심과 흥미가 무엇인지 파악하라 | 스티븐 스필버그
042 • 부모의 믿음이 자녀의 창의성을 기른다 | 파블로 피카소
044 • 약점을 강점으로 전환하라 | 마르셀 프루스트
046 • 남과 같은 길을 가지 마라 | 캘빈 클라인

049 • 어머니의 사랑이 성공 DNA를 키운다 | 지그문트 프로이트
052 • 다양한 환경을 접하게 하라 | 래리 페이지
054 • 자녀가 하고 싶어 하는 일을 격려하라 | 프란츠 카프카
057 • 성적 고정관념을 거부하라 | 셰릴 샌드버그
060 • 기존 시장의 고정관념을 타파하라 | 핸들러 부부

3장 섞임과 어울림
상호 교류 속에서 아이의 재능이 자란다

064 • 다양한 인간관계가 미래를 풍요롭게 만든다
067 • 공동체 속에서 학습하라 | 마크 주커버그
069 • 재능을 꽃피운 어울림 | 펠릭스 멘델스존
071 • 친구를 사귈 때는 한 단계 위로 | 래리 페이지
074 • 어울림을 통해 지식을 발전시켜라 | 피터 드러커
076 • 어울림은 성공의 밑거름이다 | 바브라 스트라이샌드
078 • 대가족의 영향으로 위대한 작가가 되다 | 하인리히 하이네
080 • 친구의 재능을 발견해준 우정 | 프란츠 카프카
082 • 어울림을 통해 학문을 발전시키다 | 구스타프 말러
084 • 이삿짐 가방에 담아갈 수 있는 친구 | 칼 마르크스
086 • 어울림을 통해 재능을 키우다 | 루트비히 비트겐슈타인
088 • 어린 시절 만남이 준 영향 | 보리스 파스테르나크
090 • 남을 돕는 일이 당연한 의무임을 가르쳐라 | 존 데이비슨 록펠러
093 • 부모가 먼저 자선을 실천하라 | 빌 게이츠
096 • 재산보다 돈의 가치를 가르쳐라 | 마이클 블룸버그
100 • 근검절약을 몸소 실천하라 | 워런 버핏
103 • 외국어 실력이 성공의 밑거름이 된다 | 조지프 셀리그먼
105 • 민족의식과 현실성을 가르쳐라 | 매들린 올브라이트
108 • 어울림을 통해 인간관계를 배우다 | 하워드 슐츠

4장 위험 감수
도전이 없으면 열매도 없다

112 • 때로는 위험을 감수하는 대담함이 필요하다
115 • 구글 창업자의 위험 감수 정신 | 세르게이 브린
118 • 화장품 업계 거장을 키운 어머니의 가르침 | 헬레나 루빈스타인
120 • 자녀에게 역경 극복 정신을 심어줘라 | 하워드 슐츠
122 • 자녀의 모험 정신을 키워줘라 | 스티븐 스필버그
124 • 최고의 품질과 가치로 경쟁하라 | 에스티 로더
127 • 용감한 어머니가 강인한 자녀를 키운다 | 헨리 키신저
129 • 자기 일을 스스로 하는 아이로 키워라 | 로버트 카파
132 • 자녀의 미래를 위해 더 큰 세계를 선택하라 | 아메데오 모딜리아니
134 • 독립심과 감성을 위한 여행 | 펠릭스 멘델스존
136 • 더 넓은 세상으로 아이를 보내라 | 마커스 새뮤얼
138 • 위기 극복의 강한 정신력을 키워줘라 | 조지 소로스

5장 목표 지향
목표에 다가갈수록 성취감이 커진다

142 • 구체적인 목표가 적극성을 이끌어낸다
145 • 목표에 대한 조급한 마음을 먼저 다스려라 | 아르투르 루빈스타인
148 • 승부사 기질이 만든 이기는 문화 | 마이클 델
151 • 재능을 키우는 교육법을 선택하라 | 찰리 채플린
153 • 어머니의 목표 의식이 자녀의 미래를 결정한다 | 마르크 샤갈
155 • 워킹맘은 자신에게 적합한 목표를 세워라 | 셰릴 샌드버그
157 • 위대한 스승을 찾아줘라 | 요제프 요아힘
160 • 끊임없이 격려하고 지원하라 | 파블로 피카소
162 • 때로는 완고한 교육이 필요하다 | 바브라 스트라이샌드
164 • 책 읽기로 자녀에게 지혜를 전해라 | 헨리 키신저

6장 끈질김
마라톤에서 이기는 법을 가르쳐라

168 • 유대인의 끈기와 인내력이 주는 교훈
170 • 부모의 끈기가 특별한 자녀로 키운다 ㅣ 알베르트 아인슈타인
173 • 빨리 성공하기보다 장기적으로 경쟁하라 ㅣ 캘빈 클라인
175 • 인내심으로 세계적 화장품 회사를 키우다 ㅣ 에스티 로더
177 • 세계 최고의 부자가 된 성공 요인, 끈기 ㅣ 존 데이비슨 록펠러
179 • '실패'가 아니라 '교육'이라 말하라 ㅣ 토머스 에디슨
182 • 아이의 유전자에 끈기를 심어라 ㅣ 마크 주커버그
184 • 아버지의 독서 습관을 보여줘라 ㅣ 칼 마르크스
186 • 행운도 끈기가 있어야 잡는다 ㅣ 아리 워셜

7장 실패 학습
실패와 극복이 아이를 크게 키운다

190 • 성공의 씨앗은 실패라는 흙으로 덮여 있다
192 • 인생은 멀리서 보면 희극이다 ㅣ 찰리 채플린
194 • 역경을 극복하는 것이 삶이다 ㅣ 매들린 올브라이트
196 • 아이 스스로 깨달을 시간을 줘라 ㅣ 블라디미르 레닌
199 • 실패를 나만의 자산으로 만들어라 ㅣ 바버라 월터스
202 • 실패가 성공의 구름판이 된다 ㅣ 마이클 블룸버그
205 • 유머는 실패를 극복하는 힘이 된다 ㅣ 피터 드러커
208 • 어머니의 사랑으로 극복한 실패 ㅣ 마르셀 프루스트
210 • 올바른 삶의 자세를 가르쳐라 ㅣ 래리 킹
212 • 천재라도 실패를 통해 배운다 ㅣ 아르투르 루빈스타인

/ 프롤로그 /

세계에서
가장 뛰어난 인종,
유대인

　현대사에서 가장 위대한 인물을 꼽는다면 누구일까? 미국의 대표적인 시사 주간지 〈타임〉은 19세기의 대표적 인물로 미국의 발명가 토머스 에디슨(Thomas A. Edison)과 20세기의 인물로는 독일 물리학자 알베르트 아인슈타인(Albert Einstein)을 선정했다.
　그런데 이 두 사람은 천재이자 가장 위대한 인물이라는 사실 외에도 유대인이라는 공통점을 가지고 있다. 1920년 영국의 처칠은 '유대인은 세계에서 가장 뛰어난 인종'이라고 극찬한 바 있다.
　지구 상에서 유대인은 약 134개국에 1,400만 명 정도로 세계 인구의 약 0.2%이며 이는 대한민국 인구의 1/4 정도에 불과하다. 그러나 유대인이 세계에서 강력한 영향력을 행사한다는 것은 주지의 사실이다.
　유대인은 세계의 부와 학문을 지배하고 있다 해도 과언이 아니다. '미국은 세계를 지배하고 유대인은 미국을 흔든다'는 말이 있다. 미국 내 유대인 부호들이 어느 쪽에 힘 몰이를 해주냐에 따라, 미국 내 정권

이 바뀐다는 의미이다.

또한 유대인은 우수한 글로벌 리더를 많이 배출했다. 노벨상 수상자의 22%, 미국 아이비리그 학생의 30%, 교수진의 40%, 세계 500대 기업 경영진의 42%가 유대인인 것으로 알려져 있다.

'노벨상' 하면 떠오르는 민족 또한 유대인이다. 통계자료에 의하면 노벨 평화상은 유대인 수상자의 비율이 10%이며, 문학상은 11%, 화학상은 18%, 물리학상은 26%, 의학상은 28%인 데에 비해 경제학상은 그 비율이 자그마치 41%에 이른다. 더욱 놀라운 것은 거의 매년 노벨상을 받는다는 점이다. 예를 들면 2011년 한 해에만 9명의 노벨상 수상자를 배출했을 정도이다.

둘째, 유대인의 성공 분야가 정치, 경제 등 특정 분야가 아닌 전 분야에 걸쳐 골고루 나타난다는 점이다. 프랑스인하면 철학과 예술을 떠올리듯이 국가나 민족이 두각을 드러내는 분야가 있기 마련이다. 유대인이 위대하다고 평가받는 이유는 특정 분야가 아니라 모든 분야에서 골고루 두각을 드러낸다는 점이다.

세계 인구의 약 0.2%에 불과한 유대인은 수많은 창의적인 인재를 길러냈으며, 그 인재들이 세계의 역사를 움직여왔다. 이제 유대인은 세계 경제를 좌지우지할 정도의 영향력을 지니게 되었으며, 어떤 의미에서는 세계사의 흐름을 바꿔놓을 수 있는 막강한 세력이 되었다.

그렇다면 유대인이 이러한 기적을 이루어낼 수 있었던 원동력은 어디에 있었던 것일까? 이 질문에 대해서 가장 먼저 내놓을 수 있는 대답은 '후츠파 정신'이다.

후츠파 정신을 배우자

유대인은 수천 년의 세월 속에서 끊임없는 박해와 시련을 겪어왔다. 그래서 그들은 생존을 위해 목표 의식이 강했고, 그랬기에 욕심도 많았으며, 다른 민족으로부터 질시를 당하기도 했다.

전 세계인이 이스라엘을 주목하는 이유는 자원이 풍부하지 않고 인구수도 많지 않은 이곳이 미국과 더불어 IT 기술의 메카로 떠오르고 있기 때문이다. 그래서 세계인들이 우리나라의 충청도 정도에 불과한 작은 나라, 이스라엘의 창조경제를 배우기 위해 찾아간다. 그뿐만 아니라 청년 창업도 매우 활발한데 미국 실리콘밸리 다음으로 가장 많은 창업이 이뤄진다.

미국 인구에서 유대인은 2%에 불과하지만 국민 소득의 15%를 차지한다. 이는 일반 미국인의 7배가 넘는 것을 의미한다. 또한 미국의 50대 기업 중 17개가 유대인에 의해 설립되었으며 하버드 · 콜럼비아 · 에모리 · 코넬 · 유펜 대학의 30%, 뉴욕 · 메릴랜드 대학의 학생

중 33%가 유대인인 것으로 밝혀졌다.

이들이 2,000여 년간 나라를 잃고 세계를 방랑하는 생활을 했다는 점을 고려하면 더욱 놀라운 일이다.

그동안 많은 이들이 유대인의 성공 비결을 남다른 자녀 교육에서 찾았다. 최근에는 자녀 교육론 중에서도 '후츠파'에서 그 요인을 찾고 있다.

후츠파는(chutzpah)란 뻔뻔한, 당돌한, 주제넘은 등의 뜻을 가진 히브리어로 유대인이 지향하는 7가지 정신을 말한다. 그 7가지 정신은 권위에 대한 질문, 형식 타파, 섞임과 어울림, 위험 감수, 목표 지향의 정신, 끈질김, 실패 학습을 말한다.

유대인 부모는 자녀에게 기존 질서와 형식을 거부할 것과 도전정신과 평등정신을 심어준다. 그리고 직위와 나이에 상관없이 자유롭게 대화하며 상호성을 중시하여 네트워크를 형성할 것을 가르친다. 자녀에게 위험을 두려워하지 않을 것과 이를 극복하기 위해 노력하며, 목표를 향해 끈질기게 노력할 것을 교육한다.

유대인 부모의 후츠파 교육법은 자녀를 훌륭하게 키워 세계를 이끄는 리더로 성장시킨 비결이다.

아이작 바셰비스 싱어

마이클 델

래리 킹

레너드 번스타인

칼 포퍼

조지 소로스

토머스 에디슨

권위에 대한 질문 • 1장

NO! 할 줄 아는 아이로 키워라

질문과 대화로
권위의 벽을 허무는 유대인

유대인의 후츠파 정신 첫 번째는 '권위에 대한 질문, 질문할 권리'이다.

권위에 대한 질문이란 몇 가지 측면에서 두드러지는데 기존 질서와 권위에 대한 도전정신과 평등정신 그리고 유대인의 독특한 대화 습관을 말한다.

유대인은 기존 질서와 권위에 대해 도전하는 정신을 가지고 있다. 그들은 체제나 권위에 순응하는 것이 아닌, 이를 의심하라는 교육을 받으며 자란다. 그리고 권위에 대한 의심과 반항은 창조적인 정신으로 이어지게 된다. 프로이트나 아인슈타인 등이 새로운 학설을 발견할 수 있었던 것도 기존의 학설을 의심함으로써 그것을 대체할 새로운 학설을 생각하고 증명하기 위해 노력했던 때문이다.

유대인은 자기보다 연장자라고 해서, 혹은 직장상사나 부모라고 해서 무조건 순종하지 않는다. 그들은 일방적으로 복종할 것이 아니라 서로 소통하기를 원한다. 유대인은 상호성을 좋아하는 민족으로, 이러한 상호성은 주입식 교육이 아닌 창의적 사고를 하는 데 많은 도움이 된다.

유대인 부모는 부모라는 이유로 무조건적인 권위를 내세워 자녀에게 해야 할 것과 하지 말아야 할 것을 명령하지 않는다. 그리고 아이들 역시 어리다는 이유로 순종하지 않는다. 아이들은 끊임없이 질문하고 적극적으로 대화하도록 가르침을 받으며 평생을 그렇게 살아가도록 길러진다. 이를 통해 아이들은 말과 사고에 장벽을 느끼지 않으면서 자유롭게 생각하고 진리를 거침없이 추구할 수 있게 된다.

이러한 '권위에 대한 질문'은 유대인이 그다지 많지 않은 인구에도 불구하고 세계 도처에서 막대한 영향력을 발휘하는 비결이라고 할 수 있다.

권위에 도전한다고 해서 무질서하거나 개념이 없는 것은 아니다. 그들은 기본적으로 모든 사람의 평등정신을 추구한다. 그래서 자녀교육에서도 아버지와 어머니의 역할 구분이 특별히 나뉘기보다 부부 모두 자녀 교육에 관심을 기울인다.

이스라엘의 대표적인 협동농장인 키부츠(kibbutz)는 19세기 말부터 유대인 이주민이 팔레스타인 땅에 건설하기 시작한 농촌 공동체로 빈부 격차 없이 모두가 평등하게 잘 살자는 유토피아 정신이 담겨 있다.

또한 유대인은 자신들만의 독특한 교육법으로 아이들을 훌륭하게 키우는 것으로 유명한데 그 중에서도 부모와 자녀 사이에 이루어지는, 독특하고도 체계적인 대화법은 유대인 육아법의 핵심이라고 할 수 있다. 이 대화법으로 아인슈타인, 빌 게이츠, 스티븐 스필버그, 프로이트와 같이 세계적으로 유명한 인물들을 길러냈다.

우리는 말 잘 듣고, 있는지 없는지 모를 정도로 조용한 아이를 착한 아이라고 말하지만 유대인은 생각을 자유롭게 표현하고 당당하게 질문하는 아이가 창의성이 뛰어나다고 믿는다. 질문과 대화를 중시하는 유대인의 전통은 그들이 어떤 분야에서 어떤 일을 하더라도 최고의 전문가를 만드는 힘으로 작용했다.

수업 시간에
무엇을 질문했니?

아이작 바셰비스 싱어

아이작 바셰비스 싱어(Issac Bashevis Singer)는 동유럽 유대인의 잃어버린 세계를 재현한 작품으로 노벨문학상을 수상했다. 랍비 집안에서 태어난 그의 첫 소설 『고레이의 악마』는 유대인의 민담, 전설 등을 구현하고 있으며, 인간의 본성에 내재한 나약함에 대해 예리한 통찰을 보여준다.

아이작 바셰비스 싱어가 학교에서 돌아오면 어머니는 항상 질문을 했다.

"오늘은 수업 시간에 무엇을 질문했니?"

보통의 우리나라 어머니라면 집에 돌아온 자녀에게 "학교에서 무엇을 배웠니?", "얼른 씻고 학원 가"라는 말을 가장 많이 할 것이다. 그러나 유대인 부모는 다르다. 유대인 부모는 아이가 무엇을 배웠는지보다 무엇을 질문했는지에 더 관심이 많다. 말이 없거나 적극적인 질문을 하지 않는 아이는 사회성이 약하며 공부를 잘할 가능성이 적다고 생각하기 때문이다.

그래서 유대인 부모는 등교하는 자녀에게 "학교에 가면 얌전해야 한다", "친구들과 떠들지 말고 조용해야 한다"라고 말하기보다는 "학교에 가면 질문을 많이 해라"라고 당부한다.

우리는 어릴 때부터 '얌전해야 한다'라는 말을 많이 듣고 자란다. 또 어른들은 얌전한 아이들을 만나면 칭찬을 아끼지 않는다. 하지만 '얌전하다'라는 단어를 좀 더 깊게 생각해보면 현대사회를 살아가는 데 있어 그다지 긍정적인 단어가 아님을 깨닫게 될 것이다.

얌전한 사람은 조용하고 소극적이며 수동적인 사람에 가깝기 때문이다. 현대사회는 적극적으로 행동하고 자신의 의견을 당당한 목소리로 이야기하며 변화를 추구하는 사람을 원하고 있다.

실제로 유대인 또한 '얌전하다'라는 말을 좋아하지 않는다. 오히려 누군가에게 "자녀가 참 얌전하네요"라고 말을 듣는다면 걱정스러운 일이라 생각한다. 그 칭찬 속에는 적극성이나 사회성이 부족하며 배움의 자세 또한 충분하지 않다는 뜻이 담겨 있기 때문이다.

유대인은 어디서든 자신의 생각을 자유롭게 표현하고 세상 모든 것에 관심을 보이며 당당하게 질문하는 아이가 세상을 변화시킬 힘을 가지고 있다는 것을 알고 있다.

자녀와 끊임없이
대화하라

마이클 델

"이번 연방준비제도이사회 의장의 결정에 대해 어떻게 생각하니?"
"연방기금 이율을 그대로 유지한 것은 현재 경기 상황으로 봐서는 잘한 것 같아요."
"그것이 증시에 미치는 영향에 대해서 각자 의견을 말해보자."
직장의 회의시간에 나눈 이야기일까? 아니면 경영학을 공부하는 대학생들의 대화일까? 이 대화는 미국의 델컴퓨터 회장인 마이클 델(Michael Saul Dell)이 어린 시절 어머니와 나눈 대화이다.
미국의 40대 미만 청년 갑부 중 1위이자 〈포브스〉가 선정한 세계 5대 부자로 선정되었던 유대인 마이클 델. 그는 치과의사인 아버지와 금융회사의 딜러로 일하는 어머니 사이에서 태어났다. 어머니는 자녀들과 식사 시간에 기업들의 실적 문제, 경제와 인플레이션 문제 등 각종 경제 이슈에 대한 이야기를 자주 나눴다.

식탁에서의 대화 덕분인지 그는 일찍부터 사업 감각을 발휘하게 된다. 겨우 열두 살 때 통신판매로 우표를 팔아 2,000달러의 순이익을 올린 적이 있으며 고등학교 시절에는 BMW 자동차를 살 수 있을 만큼 큰돈을 벌기도 했다.

우리나라 부모는 식사를 할 때 "왜 이렇게 식사를 하면서 떠드니?", "밥 먹을 때는 조용히 먹어야 한다"는 사실을 강조한다. 그러나 유대인은 식사 시간에 조용히 침묵하며 밥만 먹기보다는 가족이 대화하는 시간으로 활용한다. 가족이 다 함께 모여 식사를 즐기는 것은 유대를 돈독하게 만드는 것은 물론, 자녀 교육에서도 유용한 시간이라고 생각한다. 그래서 그들의 식사 시간은 밥만 후딱 먹고 일어서는 우리와 달리, 식사 시간도 길며 대화로 시끌벅적한 편이다. 마이클 델이 뛰어난 사업 감각을 발휘할 수 있었던 것은 식탁 위에서 어머니와 주고받은 대화의 영향이 컸다.

오바마 정부의 보건의료정책 특별자문위원을 역임한 펜실베이니아대학 부총장인 유대인 에제키엘 이매뉴얼은 자신의 저서에서 "누군가 자기 생각을 말할 때 고개만 끄떡이거나 미소 짓는 것은 우리 집에선 오히려 모욕"이라고 말함으로써 유대인 가정에서 얼마나 대화 교육을 중시하는지를 여실히 대변해주었다.

질문하라,
그리고 또 질문하라

래리 킹

"아저씨, 왜 그 상황에서 슬라이드를 던진 거죠?"

"아저씨, 오늘은 왜 번트를 댄 거예요?"

우리에게 친숙한 미국 프로야구팀 LA다저스. 1940년대 이 야구팀 선수들이 경기를 마치고 돌아가는 길이었다. 모든 시민이 선수들의 사인을 받거나 그들에게 박수를 보내주는 등 격려를 했지만 한 소년만은 그들에게 '왜'라는 질문을 계속 했다.

이 소년은 훗날 세계적으로 유명한 앵커가 되는 래리 킹(Larry King)이다.

래리 킹은 1933년 미국에서 태어났다. 1950년대부터 플로리다에서 저널리스트 겸 라디오 인터뷰어 활동을 시작하였고, 1985년부터 CNN '래리 킹 라이브'의 진행자가 되었다. 래리 킹은 미국의 대통령과 영부인, 넬슨 만델라, 모니카 르윈스키 등 전 세계의 화제 속 인물 4만

명 이상을 인터뷰한 인터뷰의 왕이다. '래리 킹 라이브'는 한 프로그램에서 같은 사회자를 두고 25년간 방영되어 최장수 토크쇼 프로그램으로 기네스북에 등재될 정도다.

래리 킹은 말 잘하는 사람들의 공통점으로 적극성과 호기심을 꼽았다. 적극성이란 질문을 할 때 쑥스러워하거나 두려워하지 않는 마음을 일컫는다. 호기심은 사물에 대한 궁금증과 관심을 말한다. 어린 시절 LA다저스팀 선수들에게 지속적으로 '왜'라는 질문을 던진 그야말로 적극성과 호기심을 가진 사람이었다고 할 수 있다.

이렇게 어린 시절 끊임없이 질문한 래리 킹은 사전에 인터뷰를 준비하지 않는 것으로도 유명하다. 사전 준비를 하지 않고 대화를 이어갈 수 있는 데에는 어린 시절 그의 꼬리를 무는 질문법이 습관화된 데 이유가 있다. 훗날 래리 킹이 〈TV 가이드〉가 뽑은 'TV 역사상 가장 독보적인 토크쇼 진행자'로 에미상을 받은 것은 우연이 아니다.

유대인 부모는 아이가 엉뚱하게 질문한다고 해서 귀찮게 여기거나 우습게 생각하지 않는다. 아이의 생각을 진지하게 듣고, 자기 생각을 논리적으로 펼쳐 아이의 생각이 올바른 방향으로 나아가게 한다.

권위에 대한 도전으로
최초의 신화를 쓰다

레너드 번스타인

"세계 음악계에서 대성하려면 실력은 필수고, 거기에 절세미인·미남 혹은 동성애자이든지 아니면 유대인이어야 한다"는 말이 있다. 그만큼 세계 음악사에서 많은 유대인이 활발하게 활동하고 있기 때문이다.

당대 최고의 지휘자를 꼽는다면 헤르베르트 폰 카라얀과 레너드 번스타인(Leonard Bernstein)을 꼽을 수 있다. 번스타인은 '웨스트사이드 스토리' 등의 유명 작곡가로도 잘 알려졌다.

레너드 번스타인은 새로운 도전의 지휘자로 꼽힌다. 그는 유럽인 중심의 미국 음악계에서 최초로 미국에서 태어난 음악가로 명성을 날렸다. 당시 미국에서 활동 중인 지휘자들은 대부분 다른 나라에서 이주한 외국인들이었는데 번스타인은 미국에서 태어나 세계적으로 인정받은 첫 지휘자로, 뉴욕 필하모닉의 상임 지휘자로 활동했다. 번스타인은 거장 브루너 발터의 '대타'로 처음 뉴욕 필하모닉을 지휘하게 되었다. 라디오로 미국 전역에 중계된 이 음악회는 파란을 일으켰다. 이후 뉴욕 필하모닉은 공연마다 대성공을 거두었고 뉴욕 필하모닉의 황금시대를 열었다. 또한 그는 뉴욕 필하모닉 오케스트라의 음악감독으로도 취임했는데, 미국 출신 지휘자로서는 최초였다.

그가 첫 무대에서 센세이션을 일으키고 음악계에서 '최초'라는 신화를 계속 써 내려가게 된 데에는 권위에 대한 도전정신에서 요인을 찾을 수 있다.

당시 지휘자들은 특유의 엄격함과 고상함을 가지고 지휘를 했는데, 번스타인은 흥이 나면 점프를 하거나, 때로는 부드럽게 지휘를 하는 등 파격적인 시도를 했다. 그의 열정적인 모습은 음악팬들을 금방 사로잡는다. 또한 브로드웨이 뮤지컬에 고전 음악을 선보이는가 하면 정통 관현악곡에 대담하면서 열정적 지휘의 파격 행보를 선보인다.

레너드 번스타인은 유대인의 피를 타고 태어난 미국 이주민이었다. 보통의 유대인 이주민들과 마찬가지로 가정은 넉넉하지 않았다.

아버지 새뮤얼은 랍비가 꿈이었으나 러시아 군대에 징집을 피해 미국으로 망명을 떠났다. 아버지는 어시장에서 물고기의 내장을 제거하는 일을 하며 생계를 이어나갔다. 새뮤얼은 장남인 번스타인이 자신이 이루지 못한 꿈인 랍비가 되길 바랐다. 그러나 아들은 내성적이고 말이 없는 아이였다. 어린 시절 소심했던 번스타인이 파격적이고 열정적인 음악가로 변신하게 된 데에는 부모의 공이 컸다.

어머니 제니는 번스타인이 아기 때부터 축음기를 틀어주는 등 음악을 자주 접하게 했다. 아기 번스타인은 축음기에서 나오는 음악에 집중하며 눈을 반짝거렸다. 아버지는 어린 번스타인을 자주 음악회에 데려갔다. 어느 날 아들은 음악회 공연 중 피아노 연주를 듣고 큰 감동을 받고 피아노를 배우기로 결심한다.

번스타인은 아버지에게 피아노 레슨을 받게 해달라고 졸랐다. 어려운 가정형편에도 불구하고 아버지는 아들의 레슨을 지원한다. 훗날 아들이 음악가가 되기 위해 하버드대에 진학하겠다고 하자, 아버지는 탐탁지 않게 여겼다. 그러나 곧 아들에게 음악가의 재능이 있음을 인정하고 아들의 길을 묵묵히 지켜본다.

부모와 자녀와의 관계에서 가장 어려운 것은 자녀와 이견이나 갈등이 생겼을 때다. 부모 입장에서는 자녀의 생각이나 선택이 옳지 않거나 헛일처럼 보일지라도 자신의 어린 시절을 생각하며 '그럴 수도 있겠구나' 하는 심정으로 대하도록 노력해야 한다.

자녀의 생각을 일단 인정하고 공감하면서 스스로 생각을 정리할 때까지 기다려주어야 한다. 이때 부모는 자신의 가치관에 맞춰 자녀를 설득하려 할 것이 아니라 자녀 스스로 자신을 발견해나갈 수 있게 해주는 거울이 되어야 한다. 자녀의 생각이나 행동에 대하여 부모가 느끼는 것들을 합리적으로 전달하여 자녀가 자신의 현재와 미래 모습을 확인할 기회를 제공하는 것만으로도 충분하다.

엄마도 사람이라 실수한다

칼 포퍼

20세기를 대표하는 두 천재 철학자로 꼽히는 유대인 루트비히 비트겐슈타인과 칼 포퍼(Karl Raimund Popper). 이 두 사람은 세계를 떠들썩하게 한 사건으로 유명하다.

1946년 한 정례모임에서 당대의 가장 유명한 철학자로 꼽히던 비트겐슈타인과 이제 갓 강사로 임용된 칼 포퍼는 격론을 펼친다. 그러다가 비트겐슈타인이 들고 있던 부지깽이를 던지고 자리를 박차고 나가는 것으로 격론은 끝난다.

'철학의 문제란 존재하는가'라는 주제가 잡혀있던 그 날, 이 문제에 칼 포퍼는 철학적 문제는 존재한다고 주장했고 비트겐슈타인은 철학적 문제는 언어적 장난에 불과하다고 반박했다.

이 사건이 주는 의미는 무엇일까? 천재 철학자들의 싸움, 천재 철학자들의 스캔들? 두 유대인은 철학이라는 권위에 대해 도전한 것으로 분석할 수 있다.

비트겐슈타인은 권위에 도전한 유대인으로 유명하다. 위대한 철학자 러셀의 강의실에 비트겐슈타인이 출석하자 러셀은 그가 천재적인 철학도임을 단번에 알아본다. 러셀은 비트겐슈타인을 후계자라고 여길 정도로 그를 아꼈다. 비트겐슈타인은 스승 러셀이 자신을 아낀다는 사실을 알고 있음에도 불구하고 그를 거침없이 비판하는 데 주저하지 않았다.

『열린 사회와 그 적들』이라는 책으로 유명한 칼 포퍼는 20세기를 대표하는 철학자로 꼽힌다. 경희대 이한구 석좌교수는 그의 광범위한 학문적 성취는 유대인으로 태어나 격동의 시대 속에서 성장했기 때문으로 분석하고 있다.

칼 포퍼는 과학이나 이성은 절대적 진리가 아니라 반증을 계속해야 진리에 다가갈 수 있다고 말한다. 따라서 그는 "나는 옳다", "이것이 진리이다"라는 생각은 잘못된 것이라고 말한다. 다시 말해 절대적 권위는 없음을 강조하는 것이다.

그래서 그는 비판받지 않을 만큼 완벽한 이론은 존재하지 않기 때문에 오히려 잘못된 것이라고 주장하며, 오류를 찬양한 철학자로 꼽힌다. 이러한 철학 사상은 '권위에 대한 도전, 권위에 대한 질문'이라고 볼 수 있다.

사실 부모의 모든 주장과 생각이 옳다고 할 수는 없다. 때로는 자녀의 생각이 옳을 때가 있다. 그런데 우리는 부모라는 이유로, 어른이라는 자격으로 자기 생각이 틀릴 수도 있다는 사실을 잘 의심하지 않는다.

부모가 일방적으로 주장하고 지시하는 것이 아니라 자녀의 생각을 듣고, 부모의 생각이나 행동에 대해 자녀가 비판하는 것에 열려 있어야 열린 가족이라 말할 수 있다.

부모가 잘못했을 때는 "엄마도 사람이라 실수했단다"라고 용기 있게 고백할 수 있어야 하며, 자녀의 주장도 받아들일 수 있는 부모가 되어야 한다는 것이 칼 포퍼의 자녀 교육 철학이라고 볼 수 있다.

권위에 도전한 철학자 칼 포퍼는 아버지 시몬 포퍼로부터 많은 영향을 받았다. 시몬은 법학박사 학위를 받은 지식인이자 1만여 권의 장서를 보유한 장서가였다. 포퍼는 어릴 때부터 아버지의 서재에서 플라톤, 데카르트 등의 철학자에 관한 책을 읽고 자람으로써 인문학적 사고와 권위에 도전할 줄 아는 자세를 키울 수 있었다. 그리하여 평생을 철학이라는 학문을 통해 권위에 도전하며 살아갔다.

부모 자신의 권위를
돌아보자

조지 소로스

칼 포퍼에게는 유명한 유대인 제자가 있는데, 그가 바로 '월 스트리트의 살아있는 신'이라고 불리는 조지 소로스(George Soros)이다. 조지 소로스는 2009년 세계 금융 위기를 정확히 예측하고 29%라는 놀라운 수익률을 거둔, 미국 월가 최고의 투자자이다.

1947년 나치를 피해 영국에 이민을 간 뒤 런던대학에서 철학자 칼 포퍼를 만나 그의 사상에 심취하게 된다. 조지 소로스는 자신의 투자 성공의 비결로 철학을 꼽으며 스스로를 투자자가 아닌 철학자로 규정할 정도이다.

얼마 전 한 언론에서는 조지 소로스의 사고체계를 이해하는 데 있어서 꼭 필요한 인물로 그의 아버지와 칼 포퍼를 꼽았다.

조지 소로스가 돈만 아는 투자자였다면 오늘날 위대한 헤지펀드의 제왕까지 될 수는 없었을 것이다. 조지 소로스를 철학이라는 학문으로 인도한 칼 포퍼가 있었기에 남과 다른 시선으로 투자를 이끌어낼 수 있었다. 조지 소로스 또한 스승의 가르침에 따라 기존 투자 질서라는 권위에 대해 도전하여 투자의 왕이 되었다.

특히 조지 소로스는 타인이나 기존 체제에 대한 도전이 아닌 자기 자신에 대한 도전을 한 남다른 인물이다.

타 존재의 권위에 대해 도전하기는 쉽다. 다른 사람이나 내가 속한 조직, 사회에 대한 권위에 대한 도전 말이다. 그런데 자기 자신의 권위에 대한 도전은 쉽지 않다. 이것은 내가 틀릴 수도 있다는 점을 인정하는 것이기 때문에 결코 쉬운 도전이 아니다.

조지 소로스가 전쟁과 같은 투자업계에서 승승장구하게 된 비결로 전문가들은 주식이나 채권 대신 위험이 큰 환율과 금리 같은 헤지 상품에 투자한 점을 들고 있다. 그리고 자신의 판단이 틀렸다고 느끼면 재빨리 포지션을 바꾼다는 점도 성공 요인으로 꼽힌다.

투자 후 손실이 나기 시작하면 일반인들은 그 손해를 만회하기 위해 지속하는 반면, 소로스는 하락을 인정하고 바로 포지션을 바꾼다는 것이다. 이 점은 아무리 투자의 신이라고 불리는 자신이라고 할지라도 틀릴 수 있다는 점을 인정한, 조지 소로스의 장점이라고 볼 수 있다.

유대인은 '자아실현'을 이루려면 다른 사람을 극복하고 넘어 서려는 노력만으로는 불가능하다고 말한다. 다른 사람을 넘으려고 하는 것보다는 자기 자신을 넘어 서려고 노력하는 사람이 언젠가는 다른 사람도 뛰어넘을 수 있다고 믿기 때문이다. 그래서 유대인 부모는 아이에게 남과 비교하거나 그들을 물리쳐야 한다고 강조하기보다는 가장 큰 경쟁상대는 자기 자신이라는 것을 강조한다.

엉뚱한 질문을
귀찮아하지 마라

토머스 에디슨

어느 초등학교 담임선생님이 학생들에게 물었다.

"여러분 오늘은 덧셈에 대해 공부할게요. 여기에 1이라는 숫자가 있어요. 1에 1을 더하면 얼마가 될까요?"

그러자 학생들은 입을 모아 일제히 대답했다.

"2요."

선생님은 흐뭇한 미소를 지었다. 그때였다. 한 아이가 손을 들고 물었다.

"선생님. 1 더하기 1은 1이 아닌가요? 점토 1개와 다른 점토 1개를 합하면 1개의 점토가 되는데요? 그런데 1 더하기 1은 왜 2가 되는 거죠?"

그 아이의 말에 다른 학생들은 키득키득 웃기 시작했고 선생님은 당황해서 어찌할 바를 몰랐다.

천재적인 발명가 에디슨(Thomas Alva Edison)이 초등학교 시절 이상한 질문을 계속하자 선생님은 그에게 부정적인 낙인을 찍었다. 에디슨은 수업 시간에 엉뚱한 질문을 쉴 새 없이 했고 선생님은 "너무 바보 같아서 가르칠 수가 없다"며 손사래를 쳤다. 에디슨은 불과 3개월 만에 초등학교에서 퇴학당했다.

에디슨의 어머니는 선생님의 부정적 태도가 아이에게 미칠 피해가 클 것을 걱정해 그를 집으로 데려왔다. 그리고 "넌 반드시 큰 사람이 될 거야"라며 격려해주었다. 에디슨은 집에서도 끊임없이 질문했다. 그러나 어머니는 이를 귀찮아하지 않고 아들의 질문에 꼬리에 꼬리를 무는 대화를 이어나갔다.

어머니는 아들의 질문이 엉뚱하다거나 어른에 대한 권위에 대한 도전이라고 생각하지 않았다. 왜냐하면 유대인은 권위에 대한 질문을 당연하게 생각하기 때문이다. 어머니의 남다른 교육에 힘입어 학교 교육이라고는 3개월밖에 받지 못한, 무학력 상태나 다름없었던 에디슨은 놀라운 재능을 발휘하게 됐다.

에디슨이 유명한 발명가가 된 후 신문기자가 물었다.

"선생님은 어느 대학에서 배우셨습니까?"

그러자 에디슨이 대답했다.

"내 대학은 내가 자란 집(지하실)입니다. 그리고 나를 지도한 교수는 바로 나의 어머니입니다."

에디슨이라는 위대한 인물이 탄생할 수 있게 된 데에는 어머니의 남다른 교육이 있었다는 것은 주지의 사실이다. 에디슨은 "어머니가 오늘의 저를 만드셨습니다. 어머니는 언제나 저를 이해해주셨죠"라고 말했다.

이처럼 유대인 부모는 학교에서 배우지 못하는 것을 부모가 가르치는 일에 많은 시간을 투자한다. 그들은 우리처럼 학원이나 학교교육에 의존하는 것이 아니라 오히려 가정교육에 더욱 신경을 쓴다.

알베르트 아인슈타인

스티븐 스필버그

파블로 피카소

마르셀 프루스트

캘빈 클라인

지그문트 프로이트

래리 페이지

프란츠 카프카

셰릴 샌드버그

핸들러 부부

형식 타파 · 2장

남들처럼?
남들과 다르게!

남과 다른 창조 정신으로
형식을 타파하라

후츠파의 두 번째 정신인 '형식 타파의 정신'은 기존의 정형화된 질서나 형식을 거부하고 남과 다른 개성, 새로움을 추구하는 정신을 말한다.

2013년 연말 우리나라를 방문한 이스라엘의 창조 교육을 선도하는 재단인 '타임투노'의 아미 오카비 고문은 이스라엘인과 유대인이 노벨상을 가장 많이 받은 이유에 대해 남과 다른 형식 타파의 정신 즉 창조 정신에 요인이 있다고 밝혔다. 이스라엘에서는 어렸을 때부터 창조성을 길러주기 위해 노력하고 있으며 그 결과 이스라엘 젊은이들은 창업 정신이 강하고 처음부터 내수 시장이 아닌 글로벌 시장을 목표로 공략한다고 설명했다.

유대인은 부모의 가장 큰 의무로 자녀의 개성과 소질을 찾아주는 것을 꼽는다. 유대인을 지칭하는 '헤브라이'라는 말의 어원은 '혼자서 다른 편에 서다'라는 뜻이다. 또한 『탈무드』에는 "사람이 한 방향으로 향하고 있다면 세계는 기울어지고 말 것이다"라는 가르침이 있다. 이 말은 모든 것이 똑같다면 세계는 중심을 잃고 만다는 뜻을 담고 있다.

그만큼 유대인은 남과 똑같은 평범함을 거부하며 새로움을 중시하는 민족이라고 볼 수 있다. 그래서 그들은 자녀를 '남보다 뛰어나게'보다는 '남과 다른' 사람으로 키우고자 한다.

이것은 유대교 신앙의 기본 원리 중 하나인 '티쿤 올람' 정신에서 비롯됐다. 티쿤 올람이란 '세계를 고친다'라는 의미를 가진다. 이 정신에 따르면 세상은 있는 그대로 받아들이거나 따라야 할 존재가 아니라 개선해 완성해나가야 할 존재이다. 신이 세상을 창조했지만 인간은 하나님을 도와서 세상을 개선하고 고치고 더 낫게 만들어야 한다는 것이다.

그러므로 유대인은 세상을 있는 그대로 받아들이기보다는 좀 더 창조성 있게, 기존 질서를 타파하는 것을 중시한다.

또한 그들은 나라 없이 타국 땅에서 다른 민족과 섞여 살아왔기에 '주변인으로의 시각'을 가질 수 있었다. 주변인의 시각은 남이 보지 못한 곳에서 가치를 발견하는 재능을 가져다주었다.

인간은 각기 다른 인격을 가진 소우주

알베르트 아인슈타인

"당신의 자녀는 장차 어떤 일을 해도 성공할 수 없을 것으로 판단됨."

만약 담임선생님으로부터 이와 같은 말을 듣는다면 부모의 심정은 어떨까?

위의 말은 상대성이론의 창시자인 알베르트 아인슈타인(Albert Einstein)의 초등학교 성적표에 있는 문구이다. 선생님은 아인슈타인이 공부로서 성공할 가능성이 전혀 없다고 언급할 정도였다. 담임선생님뿐만 아니라 교장선생님은 아인슈타인이 열 살 때 "너는 절대 나중에 어른 구실을 못할 거야"라며 가혹하게 말했다. 아인슈타인이 초등학교 시절 심각한 학습 지진아였다는 사실은 널리 알려졌다.

독일의 한 유대인 가정에서 태어난 그는 이스라엘 초대 대통령이 사망한 후 2대 대통령직을 제의받을 정도로 뿌리 깊은 유대인이다. 아인슈타인이 자신은 나이가 너무 많아서 대통령직을 수행할 능력이 부족하다는 이유로 거절하였다.

선생님조차 포기했던 아인슈타인의 잠재 능력을 끌어낸 것은 다름 아닌 어머니 파울리네였다.

아인슈타인은 학교생활에도 잘 적응하지 못했으며 아이들과도 어울리지 않았다. 어머니는 이런 아들의 모습에 실망하지 않고 "걱정할 것 없어. 남과 같아지면 결코 남보다 나은 훌륭한 사람이 될 수 없단다. 너는 남과 다르므로 훌륭한 사람이 될 거야"라며 격려했다.

어머니는 학교생활에 부적응하는 아들의 모습에 속상해하기보다 아들이 다른 아이들과는 다르다는 사실을 인정했다. 남과 다르기 때문에 그 점이 오히려 훌륭한 사람이 되는 장점이 될 것이라고 믿고 자녀에게 끝없는 용기를 주었던 어머니의 남과 다른 형식 타파 정신은 위대한 결과를 낳았다.

자녀의 성격과 개성을 잘 파악하고 그것을 잘 살펴주는 것이 유대인 부모의 자녀 교육 방침이며, 자녀를 독특한 재능으로 키울 수 있는 밑바탕이 된다.

인간 존재의 개성과 다양성에 대해 『탈무드』는 다음과 같이 언급하고 있다.

- 한 인간에게는 하나님이 창조한 전(全) 우주와 다름없는 가치가 내재되어 있다.
- 한 사람 한 사람은 각각 소우주이기 때문에 우주의 질서와 아름다움, 그리고 영광 등이 사람 안에 간직되어 있다.

이 말은 인간이란 모두 각각의 인격을 가진 존재이기에 그 다름의 가치를 인정해야 한다는 의미이다. 유대인은 하나님이 인간에게 무한한 잠재력을 주었다고 믿는다. 다만 그 능력을 발견한 사람과 발견하지 못한 사람으로 나뉠 뿐이라고 생각하며, 이러한 능력의 발견이야말로 부모의 의무라고 여기고 있다.

자녀의 관심과 흥미가
무엇인지 파악하라

스티븐 스필버그

부모는 자녀의 가능성을 열어주어야 할 의무와 책임이 있다. 자녀를 무조건 가르치기보다 자녀가 좋아하고 잘하는 것을 찾을 수 있도록 안내해야 한다. 자녀를 오랜 시간 지켜보면서 아이가 좋아하는 일이 무엇인지 함께 발견하고, 그 일을 잘할 수 있는 환경을 마련해주고 적극적인 지원도 아끼지 말아야 한다. 세계적인 리더 중에는 부모의 관심과 애정으로 재능을 살린 인물들이 많다.

스티븐 스필버그(Steven Allan Spielberg)는 어린 시절 조용한 아이였다. 스필버그는 컴퓨터 엔지니어인 아버지를 따라 자주 이사를 해야 했다. 체격도 작고 소심했을 뿐만 아니라 학교생활에 잘 적응하지 못했다. 캘리포니아 사라토가에서 중·고등학교를 다닌 스필버그는 학교에서 유일하게 유대인이었다. 그런 이유로 친구들에게 따돌림을 받았다. 그가 지나가면 아이들은 1센트짜리 동전을 던졌다.

"더러운 유대인 저리 가!"

친구들은 수줍음이 많고 안경을 낀 스필버그를 얕잡아보았다. 심지어 그를 '멍청이'나 '겁쟁이'라고 놀리기도 했다. 그래서 스필버그는 학교 다니는 것을 몹시 싫어했다. 공부도 눈에 띄게 잘하는 편이 아니었으며 흥미를 느끼지도 못했다. 그런데 스필버그에게는 엉뚱한 호기심이 있었다.

소형 전자증폭장치인 트랜지스터로 라디오와 전자계산기를 만들 수 있다는 말을 듣고 자신에게도 라디오와 전자계산기 같은 신기한 능력이 생길 수 있다고 생각한 스필버그는 트랜지스터를 먹어버렸다. 놀란 부모는 부랴부랴 의사를 불렀고 겨우 그것을 토해낼 수 있었다. 이러한 엉뚱한 사건을 보며 그의 아버지는 아들의 상상력이 남다르다는 것을 눈치챘다. 그래서 아들의 행동을 나무라기보다 그 점을 살려 주고자 했다.

스필버그의 열두 살 생일, 아버지는 생일 선물로 8mm 무비 카메라를 준다.

"네 생일 선물이란다. 찍고 싶은 것이 있다면 마음껏 찍도록 해라."

이때부터 스필버그는 카메라의 매력에 빠져 지내며 주변의 것들을 카메라로 담기 시작했다. 그리고 앞으로 영화감독이 되겠다고 마음먹었다. 가족과 친구, 주변 사람들을 찍었으며 영화를 만들어 상영회도 개최하는 등 영화감독이라는 꿈을 향해 한 발짝씩 나아갔다.

스필버그의 부모처럼 유대인 부모는 자녀가 공부만 잘하기보다 자신의 타고난 기질을 잘 발휘하여 훌륭한 인격체로 성장하도록 인도하는 데 목표를 둔다.

우리가 자녀들을 가르칠 때도 중요한 것은 부모의 소신과 사랑이다. 내 아이에게 무엇을 가르칠 것인가가 아니라 내 아이에게 맞는 양육이 어떤 것인가이며 얼마나 사랑을 주느냐가 중요하다. 무엇을 가르치느냐는 그다음 문제이다.

아이들은 부모의 소유물이 아니므로 교육의 중점은 부모의 욕심보다는 아이 각자가 가진 꿈과 개성이 무엇이고 그걸 어떻게 사랑과 교육으로 키워줄 것인가에 맞춰져야 한다.

부모의 믿음이 자녀의 창의성을 기른다

파블로 피카소

자녀에게 남과 다른 창의성, 형식 타파의 정신을 길러주기 위해 어떻게 해야 할까? 부모의 믿음과 자신감은 자녀의 창의성을 기르는 요인이 된다.

"네가 군인이 된다면 반드시 장군이 될 것이다. 그리고 만약 신부가 된다면 너는 아마 로마 교황도 할 수 있을 것이다."

이 말은 유대인 천재 미술가 파블로 피카소(Pablo Ruiz Picasso)의 아버지 돈 호세가 어린 피카소에게 했던 말이다.

피카소의 아버지는 언제나 피카소의 재능을 높이 평가했으며 아들의 잠재된 재능을 발휘할 수 있도록 노력하고 지원했다.

20세기 최고의 입체파 미술가로 꼽히는 피카소는 1881년 10월 스페인에서 태어났다. 아버지는 투틀라지 예술학교의 미술교사였으며 화가이기도 했다.

피카소는 알파벳 순서조차 기억하지 못할 정도로 저능아였다. 피카소는 글자와 숫자 외우기를 어려워했고, 청소년기까지 글을 읽지 못했다. 열 살 때는 학교에서 퇴학을 당했으며 가정교사에게 "신으로부터 버림받은 아이, 구제 못 할 아이"라는 소리까지 들을 정도였다.

아들의 이런 모습에 아버지는 불안해하거나 실망하지 않았다. 아버지는 아들이 가진 특별한 재능이 무언가는 있을 것이라고 생각하고 재능을 발견하고자 노력했다. 아들이 글을 읽지 못하고 학업 능력이 뛰어나지 못하다고 실망하지 않고 "네가 군인이 된다면 반드시 장군이 될 것이다. 그리고 만약 신부가 된다면 너는 아마 로마 교황도 할 수 있을 거야"라고 격려했다.

피카소는 다섯 살 때부터 그림을 그렸는데, 아버지는 아들의 미술 재능을 발견하고는 후원을 아끼지 않았다.

아버지가 미술 선생이었기에 집에는 붓과 물감, 그림 등이 곳곳에 놓여있었다. 피카소는 말을 하기 전부터 물감을 가지고 놀았다. 아버지는 피카소가 그림을 그릴 때 함께 그림을 그리며 놀아주었고 자신의 비싼 미술 도구를 아들이 마음대로 사용할 수 있도록 배려했다. 아들의 꿈을 위해 더 이상 자신의 그림 그리는 일조차 하지 않았다.

이처럼 위대한 예술가 피카소의 뒤에는 그를 끊임없이 격려하고 훈련한 아버지가 있었다.

부모의 격려는 자녀에게 용기와 자신감을 심어준다. 이는 아이 스스로 자존감을 키우며 남을 사랑하는 마음까지 갖도록 돕는다. 곁에 있는 자녀에게 "엄마는 네가 자랑스러워", "네가 그림을 잘 그리는구나", "이다음에 훌륭한 인물이 될 수 있겠다"라는 말을 자주 들려주자.

약점을 강점으로
전환하라

마르셀 프루스트

　부모는 자녀에게 가장 가까운 존재이지만 정작 자녀에 대해서 얼마나 제대로 알고 있을까? 부모는 자녀를 아무런 편견 없이 바라볼 수 있도록 노력해야 한다. 아이의 존재 그 자체로 만나볼 수 있도록 말이다.

　『잃어버린 시간을 찾아서』라는 명작을 남긴 마르셀 프루스트(Valentin Louis Georges Eugene Marcel Proust)는 어린 시절 무척 소심한 아이였다. 그는 잠시라도 어머니와 떨어져 있는 것을 싫어했다.

　"엄마가 잠깐 밖에 나갔다 올 테니 혼자 집에 있으렴."

　"싫어요. 저도 엄마랑 같이 갈래요."

　프루스트는 어머니와 떨어지는 것을 매우 싫어했다. 프루스트는 어머니와 헤어지는 것이 이 세상에서 가장 비참한 일이라고 말할 정도로 예민하고 내성적인 성격이었다. 그는 성인이 되어서도 하루에 몇 번씩 어머니에게 연락했으며 어머니와 떨어지는 것을 불안해했다.

이러한 프루스트에 대해 어머니는 남자답지 못하다고 걱정하기보다 그의 장점을 잘 살리는 것이 현명하다고 생각했다. 그래서 아들에게 풍부한 감성을 키워주고 그러한 환경을 만들어주었다. 어머니의 영향으로 프루스트는 약점이라고 할 수 있는 나약한 성격을 강점으로 강화해나갔다.

어머니는 그에게 자주 책을 읽어주었다. 어머니 덕분에 프루스트는 독서를 즐기며 문학적 소양을 키웠다. 그의 풍부한 감성과 예민한 성격은 문학의 길로 접어들게 되었고 『읽어버린 시간을 찾아서』와 같은 문학사에 길이 남을 명작을 남기게 되었다.

프루스트의 어머니처럼 자녀의 성격과 개성을 잘 파악하고 그것을 살펴주는 것이 유대인 어머니들의 형식 타파의 정신이라고 할 수 있다. 즉 남들과 똑같은 아이로 키우기보다는 다른 사람의 평가에 연연하지 않고 자녀 속에 숨은 보화를 찾아내서 발굴하려는 노력이 바로 유대인 부모의 자녀 교육 방침이며, 자녀의 재능을 키우는 밑바탕이 된다.

대부분 부모가 자녀의 강점을 발견하기보다 문제점이나 잘못된 행동을 비판하는 데 많은 시간과 감정을 소모한다는 사실을 되짚어볼 필요가 있다.

남과 같은 길을 가지 마라

캘빈 클라인

세계적 패션 디자이너 캘빈 클라인(Calvin Klein)을 더욱 유명하게 만든 것은 패션계의 상식과 형식을 타파하는 전략 때문이다.

첫째, 그는 기존 패션계의 화려한 장식을 배제하고 단순하고 모던한 재단과 실루엣을 지향했으며 여성복과 남성복이 지닌 각각의 특징들을 무너뜨렸다.

둘째, 기존 디자이너들이 의상이라는 분야에 한정한 데 반해 청바지, 향수, 언더웨어 등 다양한 분야까지 영역을 확장했다.

셋째, 남과 다른 독특하고 도발적 홍보 전략으로 더욱 유명하게 된다. 인기 배우 브룩 실즈를 모델로 채용하고 '나와 캘빈 사이에 무엇이 있는지 아는가? 아무것도 없다'라는 광고 문구로 후폭풍을 일으킨다.

이와 같은 남과 다른 전략은 캘빈 클라인이 세계적 디자이너로 성공한 원동력이다.

캘빈 클라인은 1942년 뉴욕 외곽의 빈민가의 가난한 유대인 가정에서 태어났다. 아버지는 식료품 가게 직원이었고 어머니 또한 식료품 가게에서 일하는 평범한 주부였다.

어릴 때부터 다른 아이들에 비해 유난히 옷에 관심이 많았던 캘빈 클라인은 다섯 살 때 이미 의상 스케치를 시작했고, 누나의 인형 옷을 즐겨 만들 정도로 다른 남자아이들과는 사뭇 달랐다.

"클라인, 너는 친구들하고 밖에서 뛰어노는 게 싫으니?"

"네. 저는 집에서 바느질하며 노는 게 좋아요."

"아, 그렇구나! 너는 이다음에 멋진 옷을 만드는 패션 디자이너가 될 수 있겠구나."

캘빈 클라인의 부모는 남자가 여자처럼 옷 만드는 데 관심이 있다고 걱정하거나 아들이 공부 외에 다른 분야에 관심을 기울인다고 꾸짖지 않았다. 오히려 아이가 관심과 재능을 보이는 일을 해나갈 수 있도록 든든한 후원자가 되기로 한다.

다른 아이들과 다르다고 하여 그의 부모가 걱정만 하거나 그것을 억지로 바로잡으려고만 했다면, 혹은 다른 아이들과 비교하며 상처를 주기만 했다면, 캘빈 클라인이라는 세계적으로 유명한 패션 디자이너는 탄생할 수 없었을 것이다.

캘빈 클라인이 남과 다른 시각으로 미국 패션계의 선두에 설 수 있었던 데에는 남자와 여자라는 구분을 넘어서 남과 다른 안목을 통해서 자녀의 개성을 살린 유대인 부모로부터 길러졌기 때문이다.

유대인 격언에 '자녀의 두뇌는 비교하지 말되, 개성은 비교하라'는 말이 있다. 자녀의 개성을 끌어내기 위해 노력하고 경쟁하는 것을 격려하는 말이다.

　이처럼 유대인 부모는 자녀가 남과 같은 분야로 진출하여 치열하게 경쟁하는 것보다 다른 분야를 공부하고 늘 새롭게 창조하며 전혀 새로운 생각과 지혜를 이끌어내는 것을 응원한다.

어머니의 사랑이 성공 DNA를 키운다

지그문트 프로이트

〈타임〉은 20세기 가장 위대한 과학자로 아인슈타인과 프로이트를 꼽았다. 그리고 프로이트를 인류에게 가장 공헌한 인물 중 일곱 번째로 꼽았다. 프로이트는 무의식을 발견함으로써 정신분석학 분야에 새로운 역사를 펼쳤다. 흥미로운 점은 아인슈타인과 프로이트 모두 유대인이라는 사실이다.

세계적인 정신분석학자 지그문트 프로이트(Sigmund Freud)는 1856년 오스트리아의 작은 마을에서 3남 5녀의 장남으로 태어났다. 그의 조상은 유대인 박해를 피해 동유럽으로 이주했고 이후 오스트리아에서 정착해서 살았다.

아버지는 상인으로 보수적이고 가부장적인 사람이었으며 장남인 프로이트에 대한 기대가 남달랐다. 강압적이고 권위적인 아버지와는 달리 어머니는 상냥하고 친절했다. 프로이트의 가정은 형제가 많아서 생활 형편이 넉넉지 못했다. 그러나 어머니는 장남 프로이트를 잘 키우기 위해 노력했다.

프로이트는 어렸을 때 꿈을 꾸었는데 어떤 남자들이 침대에 누워 있는 어머니에게 대드는 꿈이었다. 권위적이었던 아버지는 이러한 프로이트를 이해하지 못하고 나무라기만 했다. 프로이트가 일곱 살 때 옷에 오줌을 싼 일이 있었다. 아버지는 화를 내며 "너는 쓸모없는 아이구나"라고 화를 냈다. 어머니는 주눅이 든 프로이트를 침대로 데려가 꼭 안아주었다.

한 번은 조카와 프로이트가 싸우게 되었는데, 아버지는 프로이트만 꾸짖고 무릎을 꿇게 하였다. 어린 조카 앞에서 창피했던 프로이트에게 이 일은 크게 상처가 되었다.

반면 어머니는 그러한 프로이트를 이해하고 따뜻하게 보살펴주고 사랑했다. 훗날 프로이트는 자신의 신념이나 긍정적 태도는 어머니에게서 받은 영향이라고 말했다.

맏이인 프로이트를 특별히 사랑했던 어머니는 그가 독방을 사용할 수 있게 했고, 다른 가족들이 촛불을 켤 때에도 기름 등잔을 켜고 공부할 수 있도록 하였다. 넉넉하지 않은 살림에도 불구하고 어머니의 끝없는 격려와 지원으로 프로이트는 공부에 매진할 수 있었다.

어머니의 헌신에 프로이트는 뛰어난 외국어 실력으로 보답했다. 그리스어와 라틴어를 공부했으며, 독일어에 뛰어난 소질을 보였다. 영어뿐만 아니라 프랑스어, 이탈리아어, 스페인어 등에도 상당한 조예가 있었다. 외국어 중 특히 영어를 좋아했는데 셰익스피어 작품을 원문으로 읽을 만큼 영어 실력이 뛰어났다. 기록의 의하면 10년 동안 영어로

된 책만 읽었을 정도였으며, 번역 실력도 뛰어나서 번역가로 돈을 벌기도 했다.

프로이트가 영국으로 망명한 1938년 겨울, BBC 라디오 방송국은 프로이트와 인터뷰를 했다. 평생 독일권의 언어영역에서 살아온 프로이트가 유창하게 영어로 대답하자 기자는 깜짝 놀랐다.

프로이트는 고등학교 때까지 수석을 놓치지 않을 정도로 공부를 잘했다. 그래서 몇몇 사람들은 프로이트가 장차 큰일을 할 것이라고 칭찬하기도 했다. 하지만 프로이트는 그러한 주변 사람들의 말보다는 어머니가 자신에게 더 큰 영향을 미쳤다고 밝히고 있다.

그는 "어머니의 사랑을 받으며 자란 남자는 일생 동안 정복자와도 같은 마음, 다시 말해 성공에 대한 확신을 지니고 살고 그러한 확신은 대개 진짜 성공으로 이어진다"고 기록했다.

다양한 환경을 접하게 하라

래리 페이지

유대인이 강조하는 형식 타파의 정신은 학교에서만 배울 수 있는 것이 아니다. 유대인은 자녀가 살아가며 갖추어야 하는 지혜를 배우는 일은 오직 가정에서만 가능하다고 생각한다. 그래서 유대인은 "학교에서는 지식을 배우고 가정에서는 그 지식을 사용할 수 있는 지혜를 배운다"고 이야기한다.

2010년 미국의 경제 잡지 〈포브스〉는 2010년 억만장자 순위에 구글의 창업자인 래리 페이지(Larry Page)와 세르게이 브린을 175억 달러로 공동 1위로 선정했다. 구글의 공동 창업자인 세르게이 브린과 래리 페이지는 유대인 부모의 영향으로 구글을 창업할 수 있었다. 래리 페이지는 "어릴 적 다양한 환경에의 노출들이 더 많은 가능성을 꿈꾸게 했다"고 부모에게 고마움을 표했다.

래리 페이지는 일곱 살 무렵 부모에게 컴퓨터를 한 대 선물 받는다. 아직 일반 가정에 컴퓨터가 보급되기 전이라 선물치고는 고가에 해당하는 것이었다. 컴퓨터공학과 교수였던 아버지가 보던 컴퓨터 잡지에 관심을 보이는 아들을 유심히 지켜보았던 부모는 비싼 컴퓨터를 아들에게 선물한 것이다. 이 선물은 아들의 인생을 크게 변화시킨다.

아들은 책을 보며 내용을 컴퓨터에 입력하거나, 숙제를 컴퓨터로 작성하는 등 컴퓨터와 급속하게 친해지게 된다. 대학에서는 컴퓨터공학을 전공하기에 이른다. 부모는 틈틈이 넓은 미국 땅 전체를 돌며 아들에게 로보틱스 콘퍼런스를 보여주는 등 많은 체험의 기회를 제공하기도 한다.

이처럼 구글의 공동 창업자인 래리 페이지는 자신의 재능을 살릴 수 있는 환경을 접할 수 있도록 노력한 부모의 영향으로 남다르게 생각할 수 있었고 구글이라는 위대한 기업을 창업할 수 있었다.

자녀가 하고 싶어 하는 일을 격려하라

프란츠 카프카

　유대인을 가리켜 '히브리'라고도 말하는데 이 단어는 '혼자서 다른 편에 선다'라는 의미를 지니고 있다. 다른 아이와 다른, 자신만의 개성을 충분히 키워나갈 수 있도록 하는 유대인 부모의 사고를 표현하는 말이기도 하다.
　평생 책을 가까이하는 유대인은 뛰어난 문학 작가를 많이 배출하였다. 그 대표적 인물 중 한 사람이 『소송』, 『성』, 『심판』 등의 작품으로 유명한 프란츠 카프카(Franz Kafka)이다.
　카프카는 1883년 체코 프라하에서 유대계 상인의 아들로 태어났다. 아버지는 생활력이 강하고 독선적이며 권위적이었으며 어머니는 자상하고 슬기로운 여성이었다. 어머니의 조상 중에는 학문이 높은 랍비나 거상이 여럿이 있었다.
　전형적인 자수성가형 성격이었던 아버지는 6형제 중 장남인 카프카에게 많은 기대를 했다. 그러나 카프카는 학업 성적이 그다지 뛰어나질 않았으며 내성적이고 섬세하며 다소 몽상적인 성격을 가지고 있었다.

아버지는 그런 아들이 탐탁지 않았다. 아버지는 "나는 어려운 가정환경에서 이렇게 자수성가를 했는데 너는 부유한 가정에서 왜 그것밖에 안 되느냐"며 질책하고는 했다. 카프카가 훗날 "아버지로부터 감성적으로 학대를 받았다"라고 밝힐 정도로 아버지와 사이가 좋지 않았다.

카프카가 오늘날 위대한 작가로 평가받을 수 있게 된 데에는 어머니의 영향이라고 할 수 있다.

카프카는 좋아하던 문학과 예술이 아닌 마지못해 법학을 공부하고 보험사고연구소에 취업하게 된다.

"카프카, 보험사고연구소에 취직되었다고? 회사원이 된 걸 축하한다."

"그런데 아버지, 직장생활을 하면서 제가 좋아하는 글을 쓸 수 있을지 걱정이에요."

"뭐, 글을 쓴다고? 먹고 사는 데 지장이 없는 회사원이 최고야."

아버지는 아들이 작가가 되는 것에 대해 매우 반대했다. 어머니는 몸집이 크고 천둥 같은 목소리로 가정을 호령하던 독선적인 아버지로부터 아들을 보호해주었다. 아버지와 갈등이 많았던 맏아들 카프카의 편이 되어 격려했으며 아버지가 금기시하는 사항들을 몰래 아들에게 허락해주었다.

"카프카, 네가 하고 싶은 것을 하렴."

어머니의 한 마디는 카프카에게 많은 용기가 되었다.

카프카는 "한 권의 책은 우리 안의 얼어붙은 바다를 부수는 도끼여야 한다"는 유명한 명언을 남긴 바 있다. 만약 어머니의 격려가 없었다면 오늘날 그의 뛰어난 문학 작품을 접하지 못했을 것이다.

『탈무드』에는 어머니의 존재에 대해 다음과 같이 말하고 있다.

- 어머니를 잃은 아이는 문고리가 없는 문과 같다.
- 어머니의 눈은 유리 눈이다. 그래서 자기 자식의 잘못이나 결점은 보이지 않는다.
- 어머니가 두르고 있는 앞치마는 자기 아들의 잘못을 감싸줄 만큼 크다.
- 어머니는 아들의 잘못이나 결점을 숨겨주는 베일이다.

위의 격언들처럼 자녀 교육에서 어머니의 존재는 매우 크다. 자녀의 개성과 기질을 살려 양육하는 것이 유대인 어머니의 자녀 교육 방침이며, 자녀를 더 높은 재능으로 이끈 비결이 되었다.

성적 고정관념을 거부하라

셰릴 샌드버그

페이스북 하면 대부분 창업자인 마크 주커버그를 떠올린다. 마크 주커버그는 페이스북을 만들기는 했지만 페이스북을 오늘날의 반열에 올려놓은 데에는 여성 경영인 셰릴 샌드버그(Sheryl Kara Sandberg)의 힘이 컸다.

2012년 〈포브스〉는 세계에서 가장 영향력 있는 여성 12위로 셰릴 샌드버그를 꼽았다. 뿐만 아니라 이스라엘의 한 잡지에서도 남녀 통합 가장 영향력 있는 세계 유대인으로 그녀를 3위로 꼽았다. 그녀는 페이스북의 최고운영책임자(COO)로 활동 중이다.

셰릴 샌드버그가 페이스북의 최고 경영자로 오기 전까지 페이스북은 양적으로는 급성장했으나 수익성은 별로 없었다. 창업 후 약 4년 동안 적자였던 페이스북을 살리기 위해 마크 주커버그는 구글에서 부사장을 지낸 유대인 셰릴 샌드버그를 영입하기로 한다. 마크 주커버그의 선택은 옳았다. 그녀는 부임한 지 1년 6개월 만에 회사를 흑자로 전환했다. 또한 페이스북을 나스닥에 상장시키기에 이른다.

한 자료에 의하면 그녀의 연봉은 우리 돈으로 350억 원 정도가 된다고 한다. 2012년 여성 최고 연봉 3위에 해당하는 금액이다. 그러나 이러한 고액의 연봉에, 세계적 기업을 이끄는 임원이 되기까지 기존 남성 중심의 세계에 대한 타파의 정신으로 살아왔다. 미국 사회도 우리나라와 마찬가지로 여성이 사회생활을 하는 데 장벽이 있긴 마찬가지였기 때문이다.

특히 그녀는 아이들이 남녀의 성 역할에 대해 고정관념이나 편견을 갖는 것을 깨고자 노력했다. 딸이 네 살이었을 때, 그녀는 미국 대통령 이름이 나열된 노래를 불러주었다. 그러자 딸이 반문했다.

"왜 대통령은 모두 남자야?"

딸의 질문에 충격을 받은 그녀는 딸을 위해 여성 리더십에 관한 책 『린인』을 쓰게 된다. 여성 리더십을 알리고 많은 여성과 공감하기 위해서이다.

"여러분이 앞으로 자신감 넘치는 여자아이를 만난다면 그 아이에게 절대 '나댄다'는 표현을 쓰지 마세요. 대신 '잘한다', '리더십이 있다'라고 말하는 날이 오길 바랍니다."

셰릴 샌드버그는 한국을 방문한 강연에서 어린 시절부터 남녀가 똑같은 리더가 될 수 있음을 가르쳐야 한다고 강조했다. 그녀는 남자가 자신감이 넘치면 당당하다고 말하는 반면, 여자가 자신감이 넘치면 공격적이라고 본다면서 성적 고정관념에서 벗어나야 한다고 강조했다.

셰릴 샌드버그는 미국의 유대인 가정에서 3남매 중 첫째로 태어났다. 그녀는 미국인들의 유대인에 대한 곱지 않은 시선에도 불구하고 말괄량이 골목대장처럼 지냈다. 유대인이라는 이유로, 여자라는 이유로 차별을 겪었지만 일부러 골목대장처럼 굴며 당당하게 행동하고 다녔다. 이러한 경험을 통해 자신감을 키우고 성적 고정관념에서 벗어날 수 있었으며 남성 중심의 미국 사회를 움직이는 대표적 여성 경영인이 되는 데 한몫했다.

기존 시장의 고정관념을 타파하라

핸들러 부부

　오늘날 세계 어린이들이 사랑하는 장난감 중의 하나인 바비 인형. 이 바비 인형은 미국의 마텔이라는 회사의 상품이다. 마텔이라는 회사의 창업주인 핸들러 부부 또한 유대인이다.

　미국에 정착한 폴란드계 유대인 가정에서 태어난 루스(Ruth)는 스무 살 때 엘리엇 핸들러(Eliot Handler)와 결혼한다. 어느 날 루스 부인은 딸 바바라가 늘씬하고 예쁜 처녀의 모습을 그린 종이 인형을 가지고 놀며 즐거워하는 모습을 발견한다.

　1950년대 미국에서 여자아이들은 통통하고 동글동글한 아기 인형을 가지고 놀았다. 루스는 딸 바바라가 통통한 아기 인형이 아닌 커리어 우먼 모습의 처녀 인형을 더 좋아한다는 사실을 알게 된다.

　루스는 당시로써는 파격적인, 풍만하고 굴곡진 몸매의 아가씨 인형 제작에 돌입하게 되고 딸아이의 이름을 따서 '바비'라고 이름을 지었다. 기존 현모양처 모양의 고전 인형 모습에서 벗어나 커리어 우먼 여성상을 보여준 바비 인형은 출시되자마자 선풍적인 인기를 끌었으며 미국뿐만 아니라 세계의 여자아이들에게 인기 있는 장난감이 되었다.

이후 허리를 돌릴 수 있는 인형, 가발로 머리 스타일을 바꾸는 인형, 흑인 인형 등 다양한 캐릭터의 바비 인형을 선보임으로써 완구 시장에 파란을 일으켰다.

1959년 처음 탄생한 바비 인형은 첫해에 35만 개나 팔렸으며 현재까지도 세계 각국에서 1초당 3개씩 팔리는 인기 상품이다.

바비 인형이 인기를 끌 수 있었던 데에는 여자아이는 통통하고 동글동글한 아기 인형을 좋아한다는 업계의 지배적 생각을 깨는 형식 타파의 정신으로, 핸들러 부부는 여자아이도 성인 인형을 좋아한다는 새로운 관점으로 사고를 전환한 데서 커다란 성공을 거둘 수 있었다.

마크 주커버그

펠릭스 멘델스존

래리 페이지

피터 드러커

바브라 스트라이샌드

하인리히 하이네

프란츠 카프카

구스타프 말러

칼 마르크스

루트비히 비트겐슈타인

보리스 파스테르나크

존 데이비슨 록펠러

빌 게이츠

마이클 블룸버그

워런 버핏

조지프 셀리그먼

매들린 올브라이트

하워드 슐츠

── 섞임과 어울림 • 3장

상호 교류 속에서
아이의 재능이 자란다

다양한 인간관계가
미래를 풍요롭게 만든다

몇 년 전 노벨상위원회에서 다른 인종에 비해 왜 유대인이 노벨상 수상자가 많은지를 조사했다. 그 요인은 뛰어난 두뇌나 민족성보다는 다양한 문화를 경험했다는 점인 것으로 나타났다. 다양한 문화의 접촉이 창의력을 키웠고, 우수한 두뇌 계발의 원동력이 되었다는 분석이다.

후츠파의 세 번째 정신은 섞임과 어울림이다.

유대인은 혼자 독불장군처럼 최고가 되기보다는 개성과 능력이 다른 사람들이 모여 각자의 소질과 개성을 발휘하면서 사는 것을 중시한다. 이것은 모든 사람이 각자 가지고 있는 능력과 독특한 기질을 조화해가면서 살다 보면 서로서로를 인정하고 소중하게 여기는 마음을 가질 수 있다는 생각을 밑바탕에 깔고 있다.

그래서 유대인은 상호성을 중시한다. 가족, 친구, 민족 그리고 심지어 외국인들과 섞이거나 어울리는 것을 매우 좋아한다. 그들은 가족, 친척, 동료 간에 긍정적 영향을 주고받는다. 그리하여 서로를 이끌어준다. 미국을 비롯한 전 세계에서 유대인이 승승장구하는 요인 또한 서로를 끌어준 덕분이라고 할 수 있다. 이렇게 다른 사람과 섞임과 어울림을 잘하면 인맥이 넓어지고 지식과 경험 등의 인적 자산이 쌓이는 효과가 나타난다.

섞임이나 어울림을 잘한다는 것은 다른 사람과 잘 어울린다는 측면도 있지만, 때로는 경쟁도 잘할 줄 안다는 것을 뜻한다. 그러나 사람이건, 조직이건, 국가건 간에 경쟁만 해서도 실패한다. 발전은 협력과 어울림을 통해서 가능하다. 그런 의미에서 섞임과 어울림을 잘한다는 것은 다른 사람을 위한 봉사와 자선에도 관심이 높다는 뜻이다.

지금도 세계 도처에서 비즈니스와 장사로 부와 성공을 거두고 있는 유대인은 자기 수입의 일정 부분을 자선사업에 기부하고 있다.

유대인 빌 게이츠와 워런 버핏은 2010년 '더 기빙 플레지(The Giving Pledge)' 재단을 발족했다. 이 재단은 재산의 절반을 기부하는 단체로, 유대인인 마크 주커버그 페이스북 창업자, 마이클 블룸버그 전 뉴욕 시장, 조지 루커스 영화감독 등이 참여하고 있다.

둘째, 섞임과 어울림을 잘하기 위해서는 언어 능력이 뛰어나야 한다. 유대인은 다른 나라의 언어를 습득하는 데 뛰어난데, 보통 2개 이상의 외국어를 유창하게 구사한다. 이는 국제화 시대에서 매우 유리한 위치를 선점하게 해준다.

셋째, 유대인은 민족을 사랑한다. 유대인이 다른 민족과 잘 어울린다고 해서 그들의 민족성을 가볍게 생각하지 않는다. 그들은 다른 민족과 잘 섞이도록 노력하면서 다른 한편으로는 자신들의 민족성을 유지하기 위해 노력한다.

넷째, 자녀에게 다양한 교육의 기회를 제공한다.

우리가 잘 알고 있는 빌 게이츠의 부모는 학교생활에 잘 적응하지 못했던 빌 게이츠에게 다양한 경험 기회를 제공하여 빌 게이츠라는 위대한 인물을 탄생시킬 수 있었다.

빌 게이츠는 성격이 외골수인 데다가 학교 규칙을 잘 따르지 못했다. 이런 그에게 어머니는 무조건 학교생활에 적응하라고 강요하기보다 보이스카우트 캠프에 보내거나 운동 등 체험의 기회를 마련해주었다. 이러한 다양한 경험은 그에게 자신감과 사회성을 심어주었고 결국에는 미국의 명문 하버드대에 입학하기에 이른다.

아이들을 물가로 데려갈 수는 있어도 그 물을 마시거나 안 마시는 것은 아이의 의지다. 억지로 물을 마시게 할 수는 없다. 그러므로 부모가 할 수 있는 최선의 방법은 아이가 마음껏 체험하고 보고 배우고 느낄 수 있는 교육 환경을 제공하는 것이다.

공동체 속에서
학습하라

마크 주커버그

세계 최연소 갑부는 누구일까? 2011년 〈포브스〉는 40대 이하 젊은 층을 대상으로 최연소 갑부를 조사했는데, 1위가 페이스북의 공동창업자인 유대인 더스틴 모스코비츠가 차지했다. 그는 26세의 나이로 약 27조 달러(2조 9,000억 원)의 재산 규모를 보유하고 있었다. 그 뒤를 이어 마크 주커버그(Mark Elliot Zuckerberg)가 2위를 차지했다. 특이한 점은 20대 갑부가 모두 6명이 선정되었는데 이 중 3명이 페이스북 공동 창업자였다.

페이스북은 2004년 2월 하버드대 시절 룸메이트인 유대인 더스틴 모스코비츠가 유대인 마크 주커버그 등의 친구와 함께 만들었다. 미국 명문 대학 학생들끼리 소셜 네트워크를 만들어 인맥을 쌓기 위해 페이스북을 창업하게 된다. 이러한 사업 아이디어는 섞임과 어울림을 좋아하는 유대인의 민족성이 반영되었다고 할 수 있다.

페이스북은 처음에 하버드대 학생들만 이용할 수 있었지만 인기가 폭발하면서 전국 대학으로, 그리고 현재는 전 세계로 확대되었다. 페이스북 창업자들은 친구끼리 동업을 하면서 부와 직업을 동시에 얻는 행운을 얻었다. 혹자는 이들이 친구를 잘 둔 덕분에 어린 나이에 갑부가 될 수 있었다고도 평한다.

『20대 페이스북 CEO, 7억 제국의 대통령 마크 주커버그』의 저자는 마크 주커버그가 성공할 수 있었던 요인으로 어린 시절부터 컴퓨터 프로그래밍을 좋아했고 부단히 노력한 점도 크지만 다양한 전공을 한 친구들을 기숙사에서 만날 수 있었던 점을 꼽았다.

유대인 아이들은 유치원이나 학교에서 4~5명씩 그룹을 지어서 교육을 받는다. 이들은 어떠한 공부이든지 혼자서 하는 것보다 함께 어울려서 하면 더 좋은 결과와 해답을 얻을 수 있다고 여기며 공동체 속에서 지켜야 할 규율과 소속감도 일찍 배울 수 있다고 생각하기 때문이다.

한국에서 미국의 유대인 가정에 입양되어 하버드대에 진학한 후 구글이라는 글로벌 기업에서 근무하여 화제가 된 릴리 마골린.

그녀는 우리나라 언론과의 인터뷰에서 서울 노량진을 방문했을 때 말 그대로 '쇼킹' 상태였다고 말했다. 노량진 학원가에서 머리를 박고 혼자서 열심히 공부하는 학생들을 보고 충격을 받았다는 것. 그녀가 충격을 받은 이유는 유대인은 혼자서 공부하는 것이 아니라 다른 사람과 소통하면서 배우는 것을 중시하기 때문이다.

릴리 마골린의 말은 자녀에게 혼자서 공부만 할 것을 강조하는 우리에게 많은 것을 생각하게 한다.

재능을 꽃피운 어울림

펠릭스 멘델스존

결혼 예식을 마치고 신랑, 신부의 행진 때 울리는 결혼 행진곡. 이 곡은 독일 작곡가 펠릭스 멘델스존(Jakob Ludwig Felix Mendelssohn Bartholdy)이 셰익스피어가 쓴 희곡에 감동하여 작곡한 극음악 '한여름 밤의 꿈'에 나오는 곡이다.

멘델스존은 1809년 독일 함부르크의 유대인 명가에서 태어났다. 아버지 아브라함은 유능한 은행가였으며 어머니 레아는 은행가의 딸로 아마추어 음악가이기도 했다. 음악 전문가들은 멘델스존이 '19세기의 모차르트'가 된 데에는 부모의 영향이 컸다고 보고 있다.

아버지는 멘델스존이 유대인이라는 이유로 차별받지 않고 미래를 살 수 있도록 많은 지원을 아끼지 않았다.

아버지는 아이들을 위해 매주 일요일 독일 명사와 연주가들을 초청해서 연주회를 열어주었다. 멘델스존 가(家)의 음악회에는 다양한 사람들이 초청되었는데, 이러한 음악회 등을 통해 멘델스존은 폭넓은 교우 관계를 유지하는 사교성을 익히게 되었다. 아버지는 섞임과 어울림을 중시하는 유대인의 전통에 따라 아들이 많은 전문가와 교류할 기회를 열어주었다. 이러한 기회가 멘델스존이 재능을 꽃피우는 데 결정적 역할을 하게 된다.

유복한 가정에서 태어나 아버지의 전폭적인 지원을 받은 멘델스존은 예술을 슬픔, 우울함 등으로 표현하기보다는 밝고 온화한 음악적 성향을 나타나게 된다.

음악사에서 멘델스존처럼 행복한 음악적 가정환경을 누린 이는 드물다고 한다. 이것은 자녀에게 최상의 예술적 환경을 제공한 부모의 노력으로 어렸을 때부터 많은 예술가들과 교류한 덕분이라고 할 수 있다.

친구를 사귈 때는
한 단계 위로

래리 페이지

스탠퍼드대학원 박사 2년 차 세르게이 브린은 신입생들을 데리고 캠퍼스 안내를 한다.

"저 건물이 바로 도서관이란다."

이날 유대인 세르게이 브린은 신입생 중 래리 페이지(Larry Page)를 알게 된다. 두 사람은 1973년생 동갑이라는 점과 유대인 혈통이라는 등의 공통분모로 친해지게 된다. 하지만 내성적인 래리 페이지와 외향적인 세르게이 브린은 서로 반대되는 성격 때문에 논쟁을 벌이기 일쑤였다.

두 사람은 논쟁을 벌이기는 했지만 험담하거나 싸우지는 않았다. 격렬하게 논쟁을 벌이면서도 상대방의 생각을 이해하게 되었고, 서로 이끌리게 되었다. 논쟁과 토론은 유대인의 오랜 습관이기 때문이다. 두 사람 모두 토론과 논쟁을 즐기는 유대인 집안에서 태어난 탓에 토론과 논쟁은 두 사람 사이에 없어서는 안 되는 중요한 요소였다.

두 청년의 만남은 세상의 패러다임을 바꾼 '구글'을 탄생시켰다. 구글은 현재 세계 검색 엔진 시장의 70%를 장악하고 있다. 여기서 주목할 점은 두 사람이 늘 논쟁을 벌였지만 이 논쟁은 갈등이나 싸움을 일으키지 않았다는 점, 그리고 서로 다른 성격이 적절히 어울림으로써 커다란 사업적 성공을 일으키는 시너지 효과를 발휘했다는 점이다.

우리나라의 경우 보통 동업으로 사업에 성공하기가 어렵다. 순종하거나 화합만을 강조하는 우리의 문화가 토론과 논쟁에 익숙하지 못하기 때문이다. 동업하다 보면 서로 다른 의견으로 충돌할 수도 있는데, 상대방과 잘 어울리는 능력과 갈등해결 기술이 미숙하므로 앙금만 남긴 채 각자의 길을 걷게 된다.

그런데 구글의 두 창업자와 마이크로소프트의 빌 게이츠와 폴 앨런처럼 유대인은 동업으로 크게 성공한 사례가 많다. 그것은 섞임과 어울림을 강조한 후츠파 정신에서 비롯된다고 할 수 있다.

페이지는 검색 엔진을 개발하는 과정에서 수학적 문제에 부딪히게 된다. 수학에 뛰어났던 브린은 페이지가 해결하지 못하던 수학 문제를 쉽게 해결했다. 수학 문제를 해결함으로써 검색 엔진은 개발되었고 이렇게 두 사람이 만든 검색 엔진은 세계 최대의 검색 사이트인 구글이 되었다. 만약 페이지가 브린과 함께하지 못했다면 구글은 탄생할 수 있었을까?

유대인 부모는 우리나라 부모와 마찬가지로 친구 사귀는 문제를 중요하게 생각한다. 『탈무드』에서도 '아내를 고를 때에는 한 계단 내려가고 친구를 고를 때는 한 계단 올라가라'는 말이 있다. 즉 친구를 사귈 때는 무엇 한 가지라도 자신보다 나아서 자신을 이끌어주고 도움이 될 수 있는 친구를 사귀어야 한다는 것이다.

어울림을 통해
지식을 발전시켜라

피터 드러커

　재능을 가진 아이가 다음 단계로 성장하기 위해서는 다양한 사람들에게 배우고 서로 정보를 교환할 수 있는 관계나 인맥을 형성하는 것이 중요하다.

　현대 경영학의 아버지로 추앙받는 피터 드러커(Peter Ferdinand Drucker). 그는 1909년 빈에서 대학 교수 아버지와 의사인 어머니 사이에서 태어났다. 아버지는 어울림을 좋아하는 유대인의 전통에 따라 수많은 인사가 가정을 자주 방문하게 하였으며 그들과 식사를 나눴다. 또 어린 피터 드러커를 데리고 친구들과 유명 인사의 집을 자주 방문했다.

　특히 그의 가족은 프로이트와 식사를 하며 지낼 정도로 가깝게 지냈다. 아홉 살 때 프로이트를 만난 피터 드러커는 그 순간을 평생 잊을 수 없었다고 한다.

"피터, 이 분은 심리학의 대가이자 우리와 같은 유대인인 프로이트 선생이란다."

"안녕하세요? 처음 뵙겠습니다."

프로이트와의 만남은 짧았지만 성장하여 정신분석학을 공부하게 되면서 많은 것을 알게 되고 깨닫게 된다. 어린 시절의 경험이 그에게 무의식적 잔재로 남아 영향을 준 것이라고 볼 수 있다.

피터 드러커는 아버지 덕분에 프로이트뿐만 아니라 토마스 만, 폰 미제스 등 당대의 정치, 경제, 사회, 문화 등 각 분야의 전문가들을 직접 만날 수 있었다. 피터 드러커는 많은 사람을 만나고 그들과 교류함으로써 다양성을 수용할 수 있었고, 이를 통해 학문이 더욱 꽃필 수 있었다.

피터 드러커뿐만 아니라 빌 게이츠의 부모도 지인들을 자주 저녁 식사에 초대했다. 집으로 초대된 이들은 부모의 친구, 기업가, 학자, 의사 등 다양한 분야에서 성과를 거둔 사람들이었다. 초대된 지인들은 빌 게이츠에게 자신이 살아온 이야기와 세상에 대한 식견들을 들려주었다. 빌 게이츠는 그들과 이야기를 나누며 성공과 인생에 대해 간접적으로 배울 수 있었다.

어울림은
성공의 밑거름이다

바브라 스트라이샌드

가수와 배우라는 두 가지 타이틀에서 정상의 자리를 오랫 동안 지켜온 바브라 스트라이샌드(Barbara Joan Streisand). 우리나라 팬들에게는 영화 '아웃 오브 아프리카' 등 유명한 영화로 널리 알려졌다.

빼어난 외모의 소유자가 아니었던 그녀가 할리우드라는 큰 무대에서 인기를 끌 수 있었던 비결에는 유대인 동료의 힘이 컸다. 할리우드를 많은 유대인들이 장악하고 있는 것은 주지의 사실이다.

바브라 스트라이샌드는 유대인 소녀 안네 프랭크를 연극화한 '안네 프랑크의 일기'를 보고 대스타가 되기로 한다.

그녀는 1962년 '당신을 위해 몽땅 사드릴 수 있어요'라는 뮤지컬에서 단역으로 출연하지만 큰 조명을 받지는 못한다. 그리고 2년 후 그녀에게 기회가 찾아온다. 본격적인 데뷔 무대라고 할 수 있는 뮤지컬 '화니 걸'. 이 뮤지컬은 미국의 전설이라고 불리는 유대인 여가수

파니 브라이스의 일대기를 그리고 있다.

'화니 걸'은 다시 영화로 옮겨졌는데, 윌리엄 와일러가 감독을 맡았다. 윌리엄 와일러 감독은 명작영화로 일컬어지는 찰튼 헤스턴 주연의 '벤허'의 감독으로 유명한데, 그 또한 유대인이었다. 윌리엄 와일러 감독은 유대인 여가수의 일대기를 그린 '화니 걸'에 깊은 관심을 두고 있던 차에 주인공으로 바브라 스트라이샌드를 낙점하고 그녀를 할리우드에 데뷔시킨다.

'화니 걸'은 바브라 스트라이샌드의 첫 영화였는데, 처음 데뷔하는 배우치고는 높은 개런티를 받음과 동시에 데뷔작에서 아카데미 주연상을 타는 행운을 얻는다. 그녀의 연기력도 뛰어났지만 윌리엄 와일러 감독의 연출력이 훌륭했기에 가능한 일이었다.

'화니 걸'이 그녀에게 인기를 가져다준 첫 번째 영화라면 두 번째 영화는 '추억'이다. 이 영화의 감독인 시드니 폴락 또한 유대인이었다. '아웃 오브 아프리카'의 시드니 폴락은 바브라 스트라이샌드를 여주인공으로 발탁한다. 영화의 주제곡인 '더 웨이 워워'는 우리에게도 널리 알려진 명곡인데, 작곡가 마빈 햄리시 역시 유대인이다. 이후에도 바브라 스트라이샌드는 유대인 영화인들과의 인연으로 세계적 여배우로 발돋움할 수 있게 된다.

이처럼 바브라 스트라이샌드는 재능과 함께 많은 유대인의 협력과 응원 속에서 오늘날까지 인기와 명예를 거머쥘 수 있었다.

대가족의 영향으로
위대한 작가가 되다

하인리히 하이네

"엄마, 아빠는 오늘 모임이 있어서 나가니, 너는 집에서 공부하고 있어."

"저도 따라가면 안 돼요?"

"어른들 모임에 네가 왜 따라가려고 하니? 더구나 너 다음 주에 시험이잖아. 그럴 시간이 있으면 시험공부나 열심히 해!"

요즘처럼 형제자매 없이 자란 아이들은 다른 사람들과 어울릴 기회가 많지 않다. 최근 맞벌이를 하는 부모들이 많다 보니 자녀들은 집이 아닌 학교나 학원에서 지내는 시간이 많아졌고 혼자서 지내는 시간이 늘고 있다. 그래서 또래 친구 이외의 다른 사람들을 만날 기회가 적어지게 되었고 그러다 보니 다른 사람들과의 접촉을 꺼리거나 소통에 어려움을 겪는 경우가 많다.

대가족 안에서 자란 아이들은 여러 사람과의 관계를 통해 사교성도 늘고, 사람과의 관계도 풀어가는 법을 배우게 된다. 또한 어른을 공경하게 되며 가족 간의 화합이 생긴다. 다양한 인간관계를 접하게 됨으로써 그만큼 사고의 폭도 넓힐 수 있다. 그러기에 부모는 자녀가 다양한 사람들과 어울려 지낼 수 있는 환경을 마련해줄 필요가 있다.

정열의 시인 하인리히 하이네(Heinrich Heine)가 시인으로서의 소질을 기를 수 있게 영향을 받은 사람은 외할아버지와 외삼촌 등 친척들이다. 그는 어릴 때 외삼촌 서고에서 많은 시간을 보냈다. 그곳에서 다양한 책을 읽고 외할아버지, 외삼촌과 토론을 즐겼다.

하이네가 서고에서 책을 읽고 있으면 외삼촌은 "오늘은 무슨 책을 읽고 있니?"라고 다가와 물었다.

훗날 그는 이러한 경험들이 "나의 가슴속에 문학적 시도를 할 수 있는 용기와 욕망을 불타오르게 하였다"라고 기록하고 있다. 하이네가 외가 쪽 친척들에게서 많은 영향을 받았음을 짐작하게 하는 구절이다.

공자는 '세 사람이 길을 가면 반드시 나의 스승이 있다'라고 했다. 이 말은 어떤 사람이든 배울 점이 있으며 나보다 뛰어난 점이 있다는 것을 의미한다. 공자의 말처럼, 유대인은 친척이나 주변 사람들과의 교류를 통해 자녀에게 좋은 영향력을 주고자 노력한다.

친구의 재능을
발견해준 우정

프란츠 카프카

　우리나라 부모는 자녀가 친구를 사귈 때 친구가 공부를 잘하는가 못하는가에 관심이 높다. 친구가 공부를 못한다고 하면 탐탁지 않아 하거나 친구로 사귀는 것을 반대하곤 한다.
　유대인 부모는 자녀가 친구를 사귈 때 공부를 잘하느냐 못하느냐보다 친구에게 무엇을 배울 수 있는지를 중시한다. 아이가 성장하고 인격을 갖춰나가는 데에 공부만이 도움이 되는 것은 아니기 때문이다.
　위대한 문학 작가 프란츠 카프카(Franz Kafka)는 유대인 막스 브로트와의 우정으로 유명하다. 카프카는 대학교 1학년 무렵인 1902년 10월 낭독회 행사에서 브로트와 처음 만나게 되고 평생 친구가 되었다. 둘 다 유대인이라는 점과 문학을 하겠다는 장래 희망이 일치했기 때문에 급속도로 가까워질 수 있었다.
　카프카는 브로트와 함께 '친밀한 프라하 서클'을 만드는 등 막역하게 지냈다. 브로트는 카프카가 쓴 소설의 독자이면서 그를 위대한 작가로 이끈 친구이기도 했다.

　브로트는 첫 소설을 발표하자마자 문단의 큰 호평을 받으며 주목을 받았지만 카프카는 회사에 다니며 글 쓰는 연습을 하고 있었다. 1913년 카프카는 단편 「선고」를 발표하며 작가로 등단한다. 이후 「변신」 등 여러 작품을 내놓지만 불행하게도 문단의 주목을 받지 못했다.

　이때마다 브로트는 "자네는 위대한 작가가 될 수 있다네. 지금은 회사에 다니고 있지만 창작의 꿈을 포기하지 말게"라며 카프카를 격려했다. 막스 브로트는 친구라는 존재를 뛰어넘어 충고자이자 격려자이기도 했다.

　카프카는 폐렴과 굶주림 탓에 병원에서 쓸쓸히 죽어갔다. 일찍이 친구의 천재성을 알고 있었던 브로트는 카프카의 작품이 아까워 작품을 잇달아 출판한다. 「변신」을 제외한 많은 카프카의 작품들은 그가 세상을 떠난 후 브로트에 의해 출판됨으로써 사람들의 이목을 끌게 되었다. 오늘날 우리가 카프카의 작품을 읽을 수 있게 된 것은 막스 브로트 덕분이다.

　카프카는 또한 유대 문화로부터 많은 영향을 받았다. 그는 13세까지 유대 교육을 받았으며 이디쉬 극장의 공연과 이디쉬 문학에 깊은 관심이 있었다. 이디쉬 문학이란 동유럽 유대인이 사용하는 독일어와 히브리어의 혼성어를 말한다. 카프카의 일기를 보면 이디쉬 작가들의 글을 참조하는 내용이 곳곳에 나타나고 있는데, 그의 문학은 유대 문화와 작가의 영향을 받았다고 해도 과언은 아니다.

어울림을 통해
학문을 발전시키다

구스타프 말러

　예술의 깊이는 예술가의 재능과 노력으로도 이루어지지만, 만남을 통해서 그 깊이를 더 진전시키기도 한다. 그러한 만남이 위대한 인물과 인물의 만남일 경우에도 더욱 영향을 무시할 수 없다.

　유대계 오스트리아 작곡가이자 지휘자인 구스타프 말러(Gustav Mahler)는 1910년 정신분석학자 프로이트에게 "빨리 박사님을 만나고 싶습니다"라는 편지를 보낸다. 말러는 빈 오페라 감독을 지낼 정도로 당대 최고의 음악가였다.

　그러나 말러는 평생 유대인이라는 이유로 인종 차별을 받으며 살았다. 게다가 첫 딸의 갑작스러운 죽음, 나이 차이가 크게 나는 아내에게 온 다른 남자의 러브레터로 인하여 아내에 대한 의심 증세가 심각해질 정도였다. 그는 자신의 증세를 유대인 프로이트에게 의뢰했다.

　프로이트는 초기에 유럽 지식계에서 이단아로 분류되기도 했지만 당시에 『꿈의 해석』으로 이미 정평이 나 있었다. 프로이트는 말러와 몇 시간 동안 산책을 하며 대화를 나눈다. 말러를 좌절하게 하고 우울하게 만든 원인에 대해 분석해주고, 그의 상처를 치유한다. 이 만남을 통해 말러는 다시 지휘할 수 있게 된다.

프로이트와 말러는 서로의 만남을 통해 긍정적 영향을 미친다. 말러에게는 평생 유대인이라는 이방인으로서 살아온 여정과 아내에 대한 집착으로부터 놓아주는 기회를, 프로이트에게는 연구사의 한 획을 긋는 정신분석을 연구할 기회를 제공해주었다.

말러뿐만 아니라 아인슈타인 또한 프로이트를 자주 찾아와 대화를 나누었다. 두 사람은 편지를 보내며 생각과 철학을 나누며 우정을 나누었다. 이처럼 유대인은 만남을 통해 서로서로를 긍정적으로 변화시킨다.

우리가 사회생활을 해나가는 데에서 어떤 친구를 사귀는가 하는 문제는 인생을 결정할 수 있을 정도로 그 비중이 크다고 하겠다. '친구 따라 강남 간다'는 등의 말을 보더라도 어떤 친구를 사귀는가, 어떤 만남을 가지는가 하는 것은 한 사람의 인생에 있어 매우 큰 영향을 미친다고 할 수 있다.

이삿짐 가방에
담아갈 수 있는 친구

칼 마르크스

"내가 프랑스를 떠나면서 만일 한 사람을 이삿짐 가방에 담아갈 수 있다면 그 사람은 바로 하이네이다."

여기서 말하는 하이네는 시인인 하인리히 하이네를 지칭한다. 그리고 이 말을 한 사람은 사회주의 이론의 창시자인 칼 마르크스(Karl Heinrich Marx)로 그가 프랑스에서 영국으로 거주지를 옮기면서 했던 말이다.

마르크스와 하이네는 깊은 우정을 나누는 사이였다. 두 사람의 우정이 얼마나 깊었는지 음악가인 다리우스 미요는 두 친구의 우정에 자극을 받아 수많은 명곡을 작곡할 정도였다.

서정적이고 아름다운 사랑을 노래한 낭만주의 대표적 시인인 하이네와 자본과 사회주의 이론가였던 칼 마르크스가 절친한 친구였다는 사실은 아이러니하게 보인다. 하이네는 마르크스보다 무려 스무 살이나 위였지만 그러한 나이 차이는 중요하지 않으며 서로의 우정, 생각 등이 더 중요하다고 보고 많은 생각을 공유했다. 유대인이라는 공통점도 친목을 유지하는 데 요인으로 작용했다.

유대인 부모는 공부나 부모의 직업 등을 좋은 친구의 기준으로 정하지 않는다. 오히려 아이의 친구가 어떤 개성과 자질을 가지고 있으며 미래에 발전 가능성이 있는지를 더 중요하게 여긴다. 그럼으로써 얼마나 자녀에게 자극을 주고 이끌어줄 수 있느냐를 좋은 친구의 기준으로 삼는다.

하이네와 칼 마르크스도 나이를 떠나서 시인이라는 감성과 사회학자라는 논리성과 현실성을 배워가며, 서로를 독려한 관계라고 할 수 있다.

어울림을 통해
재능을 키우다

루트비히 비트겐슈타인

    1999년 미국의 〈타임〉은 21세를 앞두고 20세기 최고의 인물 100명을 선정하는데, 철학자 중 유일하게 루트비히 비트겐슈타인(Ludwig Wittgenstein)이 선정됐다.

    비트겐슈타인은 오스트리아 유대인 가정의 철강 재벌의 막내아들로 태어났다. 부모는 모두 예술을 사랑하는 명문가의 자녀들이었는데 비트겐슈타인은 예술과 지식을 존중하는 집안 분위기에서 성장했다.

    그의 집에는 브람스, 말러, 브루노 발터와 같은 당대 최고의 음악가들이 자주 초대되어 연주회를 열었다. 브람스의 유명한 클라리넷 4중주가 바로 비트겐슈타인 가의 저택에서 초연되었을 정도로 비트겐슈타인 부모와 친하게 지냈다. 비트겐슈타인의 부모는 예술가들을 후원하였으며 전시관을 설립하는 데 재정까지 도맡을 정도였다.

    부모가 열어준 교육 환경의 영향은 비트겐슈타인에게 지휘자라는 꿈을 심어주었다. 비트겐슈타인은 교향곡 전 악장을 외워 휘파람으로 불 정도로 음악에 남다른 재능이 있었다. 그러나 그는 지휘자의 꿈을 접고 철학자가 된다. 어린 시절 꿈을 바꾸게 된 데에는 여러 가지 이유가 있지만, 그중 하나가 다른 형제들의 뛰어난 음악성 때문이었다.

팔 남매 중 맏형 한스는 '모차르트의 재래'라고 불릴 정도로 천재성이 뛰어난 음악가였으며 네 살 때 작곡을 할 정도로 뛰어난 소질을 가졌다. 넷째 형 파울은 제1차 세계대전으로 오른쪽 팔을 잃었지만 한 손으로 피아노를 연주함으로써 세계적 명성을 얻었다. 또한 큰누나 헤르미네는 화가였다.

한 가문에서 세계적 인물이 한 명 나오기도 어려운데, 비트겐슈타인 가문에는 뛰어난 음악가와 철학자들이 다수 배출되었다. 이러한 배경에는 자녀가 어렸을 때부터 다양한 사람들과 어울리게 하고, 여러 인사를 가정으로 초대하여 자연스럽게 예술 교육을 접하게 한 부모의 교육이 있었다.

어린 시절
만남이 준 영향

보리스 파스테르나크

"저는 노벨문학상 수상을 정중히 사양하는 바입니다."

1958년 10월 스웨덴 한림원에 노벨상 역사상 처음으로 수상을 거부하는 내용의 편지가 도착한다. 노벨문학상 수상을 거부한 이는 보리스 파스테르나크(Boris Leonidovich Pasternak)였다.

보리스 파스테르나크는 1890년 모스크바에서 태어난 유대인이다. 그는 『닥터 지바고』로 1958년 노벨문학상 수상자로 선정되었으나 사회주의 혁명과 어울리지 않는다는 이유로 소련 당국으로부터 위협에 시달리게 되자, 노벨상 수상을 거부하며 신변 안전을 도모한다. 보리스 파스테르나크가 노벨문학상을 받았다면 지금보다 더 일반인들에게 알려진 작가가 되었을 것이다.

하얀 눈발이 날리는 설원 위를 달리는 기차와 닥터 지바고. 소설 『닥터 지바고』는 공산 혁명 당시 혼란한 사회 환경 속에서 지성인의 비극적 사랑과 삶을 그려낸 명작으로 평가받고 있다.

보리스 파스테르나크는 화가인 아버지와 피아니스트 어머니 사이에서 러시아 모스크바에서 태어난 유대인이다. 그가 예술가 부모의 피를 물려받아 유명 문인이 된 것은 어찌 보면 자연스러운 결과인 듯하다. 그러나 부모가 아들에게 물려준 가장 큰 재산은 많은 문인, 예술가들과의 교류였다.

그의 집에는 당대 문화예술계 인사의 출입이 잦았다. 부모는 문화예술계 인사들을 초대해 파티를 개최했다. 남자들은 검은색 정장을, 여자들은 화려한 드레스를 입고 파티에 참석했다. 그들은 보리스 파스테르나크의 어머니의 피아노 연주를 즐겁게 들으며 대화를 나누고 음식을 맛보았다.

이때 집으로 찾아온 대문호 레프 톨스토이, 유대인 시인 라이너 마리아 릴케 등과 교류하며 문학적 감성을 쌓았다. 많은 유명인이 그의 집을 자연스럽게 오고 가게 된 데에는 아버지의 화려한 인맥 때문이다. 아버지는 톨스토이, 루빈스타인 등과 같은 유명인들의 초상화와 삽화를 그려준 인연으로 친분을 맺게 되었다.

훗날 보리스 파스테르나크는 톨스토이를 만난 어린 시절에 대해 "피아노는 검은색이었다. 손님 중에 레오 톨스토이가 있었고 그의 정신이 우리 집을 온통 꿰뚫었다"라고 회고했다.

보리스 파스테르나크가 『닥터 지바고』라는 위대한 문학 작품을 집필하고 노벨문학상 수상자까지 이른 데에는 어린 시절 많은 예술가와의 교류가 밑거름되었음을 알 수 있다.

남을 돕는 일이
당연한 의무임을 가르쳐라

존 데이비슨 록펠러

30대에 백만장자가 되었으며, 40대에는 세계에서 가장 큰 회사를 소유하였으며 53세 때에는 세계 최고의 부자가 된 사람은? 미국 석유왕이자 유대인인 존 데이비슨 록펠러(John Davison Rockefeller)이다.

록펠러는 주급 5달러를 받는 점원으로 시작해 미국 최대 거부가 되었다. 록펠러가 세계 최고의 부자로서 성공한 이면에는 어머니가 유대인의 교훈을 철저히 가르쳤기 때문이다.

근검절약을 강조했던 어머니의 영향으로 록펠러 가의 아이들은 용돈을 받기 위해 집안일을 거들어야 했고 10대 때부터 꾸준히 용돈관리장을 썼다. 어머니는 자녀들에게 용돈을 관리하도록 했고, 용돈 교육을 통해 경제 원리를 가르쳤다.

어머니는 록펠러에게 '남을 도울 수 있으면 힘껏 도우라'고 가르쳤다. 더불어 남을 도와준 일에 대해 절대로 자랑하지 말 것을 당부했다. 또한 '오른쪽 주머니는 항상 십일조 주머니로 사용하라'며 가르쳤다. 즉 십일조는 하나님의 것이므로 자신이 쓸 돈과 십일조를 분리하여 사용할 것을 가르쳤다.

어머니의 가르침 덕분에 록펠러는 재산의 많은 부분을 자선 사업에 기부하고 다양한 자선 활동을 실천하는 부자가 되었다. 그는 초등학교 때부터 소득의 10분의 1을 불쌍한 사람들을 위해 기부했는데 그가 자선 사업에 희사한 돈은 무려 7억 5,000만 달러에 이른다. 당시의 경제 규모로 따진다면 무척 큰 액수에 해당한다.

또한 록펠러는 자녀들에게 경제교육을 엄격히 했다. 그는 외동아들에게 누나들이 입던 헌 옷을 입게 했으며 용돈은 그냥 주는 법이 드물었으며 심부름이나 집안일을 해야 주었다. 연필을 스스로 깎으면 10센트, 음악 연습을 하면 5센트를 주는 등 자녀들에게 함부로 돈을 주는 법이 없었다.

『탈무드』에는 자선에 대하여 다음과 같은 기록들이 전해진다.

- 자선을 행하지 않는 인간은 아무리 부자일지라도 맛있는 요리가 즐비한 식탁에 소금이 없는 것과 마찬가지이다.
- 하나님이 칭찬하시는 세 가지가 있다. 첫째는 가난한 사람이 물건을 주워서 그것을 주인에게 되돌려 주는 일이고, 둘째는 부자가 남몰래 자기 수입의 10%를 가난한 사람에게 주는 일이며, 셋째는 도시에 사는 독신자로 죄를 저지르지 않는 사람이다.

『탈무드』의 교훈은 인간이 아무리 똑똑하고 유능하며 많은 것을 알아도 자선을 베풀 줄 모른다면 세상을 올바르게 살고 있다고 할 수 없음을 가르쳐준다. 유대인은 이러한 『탈무드』의 가르침에 따라 자선을 인간이 마땅히 행해야 할 의무라고 생각한다.

부모가 먼저
자선을 실천하라

빌 게이츠

　세계 정보기술 업계의 신화이자 최고 갑부로 꼽히는 마이크로소프트의 빌 게이츠(William Henry Gates III) 회장. 그가 지금까지 존경받는 경영인으로 손꼽히는 이유는 〈포브스〉 선정 세계 1위 부자와 20년 연속 미국 최고 부자 자리에 올랐기 때문만이 아니다. 그에게 막대한 부를 가져다준 마이크로소프트 경영에서 손을 떼고, 자선 사업가로 변신했기 때문이다.

　부인과 함께 개인 재산 600억 달러 가운데 절반에 육박하는 288억 달러를 출연, 세계 최대 자선기금 단체를 설립했으며 에이즈 퇴치를 위한 치료약 개발에도 1억 2,650만 달러를 내놓았으며 빈민국 어린이들에게 백신을 공급하고 영양실조 문제를 해결하기 위해 노력하고 있다.

　무엇보다 그가 화제가 된 것은 자녀에게 각각 1,000만 달러만 물려주고 재산의 99%는 모두 자선사업에 쓰겠다고 선언한 독특한 유산 철학 때문이다.

빌 게이츠는 "나는 일등석을 타지 않는다. 비즈니스 클래스면 충분하다. 비즈니스 클래스로도 편히 갈 수 있는데 왜 일등석을 타 돈을 낭비하는가"라고 말한 바 있다. 그는 막대한 부를 가졌지만 결코 낭비하는 법이 없다. 그것은 근검절약과 자선을 중시하는 유대인의 정신에서 비롯된 것이라고 할 수 있다.

어느 날 기자가 빌 게이츠에게 "당신이 오늘날 세계 최대 부자로 성공하고 자선사업가로 이끈 비결이 무엇입니까?"라고 물었다. 그러자 빌 게이츠는 이렇게 대답했다.

"부모님으로부터 많은 것을 배웠기 때문입니다."

빌 게이츠는 자신의 롤 모델로 항상 부모님을 꼽았다. 과연 그의 부모는 어떤 사람들이었을까?

아버지는 변호사로 일하며 어려운 이웃 돕기를 주저하지 않았으며 라이온스클럽, 로터리클럽 등의 단체에서 활동하며 지역사회에 봉사했다. 어머니는 자녀들을 키우느라 바쁜 중에도 고아들을 위한 모금운동을 하였으며 어린이병원 설립 모금 운동에도 적극 나서는 등 봉사의 삶을 실천하는 사람이었다. 뿐만 아니라 자녀들에게도 나눔과 사랑의 삶을 강조했다.

매년 크리스마스가 다가오면 어머니는 아들에게 "이번 크리스마스에 네 용돈의 얼마를 구세군에 기부할 생각이니?"라고 질문해 어린 아들이 기부를 계획할 수 있도록 도왔다.

유대인 사회에서 '자선'을 의미하는 히브리어 '체다카'는 '정의'와

동의어로 쓰인다. 그런 까닭에 유대인은 자선이 선행이라고 생각하지 않는다. 당연한 의무이고 삶의 일부일 뿐이라고 여긴다.

    그런 까닭에 미국 기부 문화의 1세대라고 불리는 록펠러, 2세대인 빌 게이츠, 워런 버핏, 그리고 3세대라고 칭해지는 마크 주커버그와 더스틴 모스코비츠 등이 재산의 절반을 기부하기로 약속한 억만장자인 동시에 유대인인 것은 우연이 아니다.

재산보다
돈의 가치를 가르쳐라

마이클 블룸버그

러시아계 유대인 이민 3세인 마이클 블룸버그(Michael Bloomberg) 전 뉴욕시장은 세계 13위의 부자이다. 그러나 그가 사람들의 관심과 존경을 받게 된 데에는 세계적 부자라는 사실보다 기부의 대가이기 때문이다.

〈뉴욕타임스〉에 따르면 그가 뉴욕 시장에 재임하던 12년 동안 뉴욕시를 위해 자기 돈을 최소 6억 5,000만 달러(약 7,200억 원) 이상을 사용했다고 보도했다.

블룸버그는 대부호들이 재산 절반을 기부하자는 취지의 '기빙 플레지 운동'에도 동참하고 있다. 모교인 존스홉킨스대에 1965년부터 꾸준히 기부해오고 있는데 몇 년 전에는 3억 5,000달러를 기부해 화제가 된 바 있다. 지금까지 그가 대학에 기부한 돈은 모두 11억 달러로 우리 돈으로 환산하면 약 1조 1,700억 원 정도가 된다. 이 금액은 미국 대학에 개인이 낸 금액으로는 역대 최대다.

무엇보다 그의 기부가 의미 있는 것은 사후 기부를 선택한 많은 부자와 달리 그때그때 기부를 실천하고 있다는 점이다. 존스홉킨스대를 졸업한 다음 해인 1965년 5달러라는 적은 금액부터 시작해 지금까지 꾸준히 기부를 실천해오고 있다.

이러한 이유로 그는 2013년 처음으로 제정한 제네시스상 1회 수상자로 결정됐다. 이 상은 탁월한 업적을 낸 유대인에게 주는 상으로 유대인의 노벨상으로 불린다. 제네시스상 재단은 3선 뉴욕시장으로서 업적을 높이 평가하고 유대인의 가치를 실현하였다는 이유로 그를 제1회 수상자로 선정했다.

이 상의 상금은 노벨상과 같은 100만 달러이다. 블룸버그는 수상 기자회견에서 "상금은 필요 없다. 상금 전액을 자선단체에 기부하겠다"고 뜻을 밝혔다.

엠마와 조지나, 두 딸을 두고 있는 블룸버그는 남보다 앞서 출발할 수 있는 약간의 재산만 남겨주겠다고 말하며 "진정으로 사랑하는 사람을 돕고 싶다면 살아있는 동안 재산은 약간만 주고 대신 부모의 가치를 가르치며 돈의 효과를 눈으로 보여주는 것이 더 현명한 방법이다"라고 강조했다.

그는 또한 자신의 회사 블룸버그 직원들에게도 최고의 대접을 하는 것으로도 유명하다. 블룸버그 본사 15층은 직원들이 무료로 이용할 수 있는 스낵바가 설치되어 있다. 블룸버그 신분증만 있으면 누구나 스낵바를 무료로 이용할 수 있다.

뿐만 아니라 해외 출장을 가면 비행기는 항상 일등석을 탈 수 있다. 연례행사인 가족 소풍에 참여한 직원의 아이들에게는 동물 서커스 공연을 열어주는가 하면 250만 달러를 들여 뉴욕 자연사박물관에서 크리스마스 파티를 열어주기도 한다. 매일 저녁에는 직원과 번갈아가며 식사를 하고 회사생활에 어려운 점은 없는지 직원의 말에 귀 기울인다.

이 회사는 높은 임금과 두둑한 보너스로 유명한데 블룸버그는 소중한 사람에게는 최고의 서비스를 제공해야 한다는 어머니의 가르침이 이러한 독특한 기업문화를 만드는 배경이 되었다고 말한다.

어머니는 아들에게 "소중한 사람에게는 최고의 서비스를 해야 한다"라고 강조했다.

"블룸버그, 소중한 사람에게 최고의 대접을 해야 한다. 이것이 바로 유대인의 전통이란다."

"그래서 엄마는 손님이 오셨을 때 많은 음식을 내놓으셨던 거네요."

"그래. 가장 소중한 사람은 손님도 있지만 가족, 친구, 직장동료처럼 주변을 살펴보면 많단다. 그 사람들에게 소홀함이 없어야 한단다. 특히 가족은 서로 돌보아야 하지."

"네, 알겠어요. 엄마."

블룸버그의 어머니는 가족과 손님의 구분 없이 매일 귀한 음식으로 요리를 준비했다. 이러한 어머니의 모습은 어린 블룸버그에게 나와 네가 아닌 우리라는 생각을 심어주었고 블룸버그 사의 독특한 기업문화인 '우리(we) 정신'을 탄생시키는 데 밑거름이 되었다.

블룸버그는 "우리에게 가장 중요한 자산은 기술도 고객도 아니다.

직원들이 가장 중요한 자산이다"라며 직원들에게 최고의 대우를 해야 함을 강조하고 있다.

근검절약을
몸소 실천하라

워런 버핏

'늑대와 함께 춤을'이라는 영화의 배경음악을 작곡한 피터 버핏이라는 작곡가는 세계 최고의 부자라고 불리는 워런 버핏의 막내아들이다.

워런 버핏은 아들에게 "너는 은장도를 가지고 태어났다"라고 말하며 아버지의 재산이 위험한 존재가 될 수 있음을 어린 시절부터 각성시켰다. 그는 아들에게 돈을 목적으로 추구할 것이 아니라 자신이 좋아하는 일을 찾을 것을 강조했다. 그의 아들은 미국의 명문 스탠퍼드대에 입학했다가 2년 만에 학교를 그만두고 부모의 도움에 기대지 않고 독립심을 바탕으로 혼자서 삶을 꾸려나갔으며 유명한 작곡가가 되었다.

피터 버핏은 20대 무렵에서야 아버지가 세계적 갑부라는 사실을 언론을 통해 알게 된다. 그 정도로 그의 가족은 많은 재산을 과시하지 않은 환경 속에서 살았다.

하루 3,700만 달러(약 380억 원), 시간당으로는 150만 달러(15억 5,000만 원)를 벌어 세계 2위의 부자라고 일컬어지는 워런 버핏의 자녀 교육은 많은 것을 시사한다. 그는 자녀에게 모범적인 부자의 상을 심어준 것으로도 유명하다. 점심은 항상 햄버거와 콜라 정도로 간단히 먹는다. 그의 저택은 1958년에 구매한 1층 규모의 낡은 저택이며 운전기사도 두지 않고 직접 운전해서 다닌다. 또한 그는 막대한 부를 자녀에게 물려주지 않고 자산의 85%인 370억 달러(약 38조 2,000만 원)를 사회에 기부하겠다고 밝혀 화제가 되었다.

유대인 교육 원칙 중에 "배움은 배우는 자세를 '흉내 내는 것'에서부터 시작된다"라는 말이 있다. 유대인은 자녀에게 올바른 학습을 시키려면 우선 부모부터 모범을 보여야 가능하다고 믿는다. 그렇기 때문에 모든 일에 먼저 모범이 되고자 노력하는 것을 교리처럼 생각한다.

어린 시절에 형성된 습관은 어린 시절의 기억으로 끝나지 않는다. 그것은 인간의 평생을 지배하게 된다. 그러므로 유대인은 어렸을 때부터 자녀에게 근검절약과 자선에 대한 의식을 심어주는 것을 중요시한다.

잠깐 『탈무드』에 전하는 이야기를 살펴보자.

어떤 젊은 남자에게 세 명의 친구가 있었다. 젊은이는 세 명의 친구들을 찾아가 함께 왕궁으로 들어가 달라고 부탁을 했다.

그는 먼저 제일 소중히 여기고 있는 친구에게 같이 가자며 부탁했지만, 그 친구는 아무 이유도 말하지 않고 거절했다. 그래서 두 번째 친구에게 부탁했더니, 궁전 문 앞까지는 함께 가줄 수 있지만 그 이상은 갈 수 없다며 거절했다. 결국 마지막 세 번째 친구에게 부탁하자 "그러지. 내가 함께 가주겠네" 하고 흔쾌히 응해주었다.

　이 이야기에서 첫 번째 친구란, 재산을 의미한다. 사람이 아무리 돈을 소중히 여기고 사랑하더라도 죽을 때에는 그대로 남겨 두고 가야 한다.

　두 번째 친구는 친척을 말한다. 친척은 무덤까지는 따라가 주지만 그를 그곳에 혼자 남겨 두고 돌아가 버린다.

　세 번째 친구는 선행을 의미한다. 선행은 평소에는 별로 눈에 띄지 않지만, 죽은 뒤에는 영원히 그와 함께 남아 있기 마련이다. 즉 선행은 영원하다는 것을 의미한다.

외국어 실력이
성공의 밑거름 된다

조지프 셀리그먼

　은행가이자 미국 금융계의 신화로 남아 있는 유대인 조지프 셀리그먼(Joseph Seligman)의 성공 뒤에는 뛰어난 외국어 실력이 한몫했다. 조지프 셀리그먼의 집은 매우 가난하였다. 그러나 셀리그먼의 어머니는 어려운 집안 환경에도 불구하고 자녀 교육에 많은 관심과 정성을 기울였다. 어머니는 셀리그먼이 훗날 큰 인물이 되리라 믿었기에 어렵게 대학 공부를 시켰다.

　"애야, 대학에 가면 여러 가지 분야에 관심을 가져야 한다. 특히 유대인이라면 2개 국어 이상을 능숙하게 구사할 수 있어야 한다."

　셀리그먼은 어머니의 충고에 따라 대학에서 외국어를 배우는 데 많은 노력을 기울였다. 그리하여 대학을 졸업할 무렵에는 그리스어, 영어, 프랑스어를 능숙히 사용할 수 있게 되었으며, 기존에 알고 있던 독일어, 히브리어, 독일어와 히브리어가 혼합된 이디시어까지 6개 국어를 자유롭게 구사할 수 있게 되었다. 이때 익힌 외국어 실력은 훗날 '금융계의 왕자'로 불릴 만큼 큰 성공을 거두는 데 밑바탕이 되었다.

이후 셀리그먼은 미국 국제금융시장에 진출하여 뛰어난 어학 실력을 바탕으로 능력을 인정받았으며, 형제들과 함께 뉴욕에 'J&W 셀리그먼 컴퍼니'라는 은행을 설립하여 세계적인 금융 재벌이 되었다.

이처럼 유대인은 외국어에 대한 관심이 높으며 가능한 어린 시절부터 외국어를 접촉할 수 있는 환경을 만든다.

이스라엘 전문가로 알려진 류태영 박사는 저서를 통해 유대인의 남다른 외국어 교육법을 소개한 바 있다. 류태영 박사에 따르면 이스라엘에서는 처음부터 ABC를 가르치는 우리나라와는 달리 1년간은 교과서 없이 영어권 출신의 선생님으로부터 영어로만 수업을 받는다고 한다.

이스라엘에서는 초등학교 2~3학년이 되면 학교에서 영어 교육을 한다. 한때 중학교 시절부터 외국어 교육을 실시한 결과 자국어인 히브리어에 익숙해진 아이들에게 언어 체계가 다른 외국어를 익히게 하자 많은 문제가 발생했기 때문이다. 이 경험을 바탕으로 조기 영어 교육 정책을 펼친 결과 이스라엘인들의 언어 능력은 영어권 국민들의 발음과 거의 구분이 없을 정도로 뛰어나다.

영어뿐만 아니라 프랑스어, 아랍어 등 인접 국가들의 언어까지 초등학교 6학년부터 교육할 정도이니, 유대인의 언어 교육 열성이 어느 정도인지는 짐작이 갈 만하다. 이러한 열성의 결과 2개 국어 이상을 구사하지 못하는 유대인을 찾아보기 힘들 정도다.

민족의식과 현실성을 가르쳐라

매들린 올브라이트

유대인이 다른 민족과 어울림을 좋아한다고 해서 민족성을 가볍게 여긴다고 생각하기 쉬운데, 이것은 오해이다. 유대인은 고난과 박해의 역사 속에서도 자신들이 지니고 있는 민족적 특성을 잘 지켜내려고 노력해왔다.

유대인은 그들이 겪어야 했던 고통과 고난의 역사까지도 되새기며 산다. 이런 과정을 통해 아이들은 자연스럽게 민족의식을 느끼게 된다.

미국의 전 국무장관 매들린 올브라이트(Madeleine Albright)의 아버지 조셉 코벨은 외교관이었다. 아버지는 훗날 미국의 국무장관이 된 흑인 여성 콘돌리자 라이스의 은사가 되는 훌륭한 인물이다. 즉 조셉 코벨은 최초의 여성 국무장관인 올브라이트라는 딸을 양육하였으며, 흑인 여성 국무장관인 콘돌리자 라이스를 교육하는 등 두 명의 국방

장관을 배출했다. 콘돌리자 라이스는 조셉 코벨 교수의 국제정치학 강연을 통해 소련에 대한 특별한 느낌을 갖게 되었다고 회고해, 조셉 코벨의 영향력이 컸음을 언급한 바 있다.

아버지는 올브라이트가 어렸을 때 인권을 유린한 암살단의 살인 현장에 직접 데려갔다. 인권 유린이 다시는 반복되어서는 안 된다는 것을 생생하게 보여줌으로써 유대인의 후예임을 알림과 동시에 자신들의 가정에 닥친 위기를 설명해주었다.

"딸아, 이 현장에 아빠가 너를 데리고 온 이유를 알겠니?"

"아빠, 너무 끔찍해요. 그렇지만 아빠가 저를 여기 데려온 이유는 이 역사적 현장을 잊지 말라는 거죠?"

"그래. 우리는 이렇게 힘든 하루하루를 살고 있어. 그러니까 너는 더욱 노력해서 우리 모두의 밝은 미래를 위해 노력해야 한단다."

이러한 생생한 역사 체험은 자칫하면 가해자에 대한 증오심을 가질 수 있다. 그래서 유대인 부모는 자녀에게 역사를 가르칠 때 '복수는 인간이 아니라 하나님만이 할 수 있다'는 성경의 가르침을 강조한다. 그리고 과거에 얽매이기보다는 과거를 교훈 삼아 미래를 향해 나아갈 것을 가르친다.

유대인은 자신들의 민족 역사를 생생히 자녀에게 반복해서 가르친다. 아주 어린아이라 할지라도 유대인의 전통과 역사를 계승하는 것을 강조한다.

우리나라 부모들은 아이들이 텔레비전을 시청하는 것에 대한 부정적인 생각을 많이 가지고 있다. 유대인은 텔레비전 시청에 대해 프로그램이 어떤 프로그램이냐 여부에 따라서 아이들의 텔레비전 시청에 대해 허용하는 편이다. 그들은 다큐멘터리나 전쟁 영화만큼은 적극적으로 보여주려고 한다. 이것은 아이들을 현실로부터 떼어놓지 않고, 역사의식을 중시하는 그들의 교육관에서 비롯된다.

어울림을 통해
인간관계를 배우다

하워드 슐츠

스타벅스는 원래 미국 시애틀의 5개 정도의 점포에 불과한 작은 커피 가게였다. 스웨덴의 주방가구 회사에 다니고 있던 유대인 하워드 슐츠(Howard Schultz)는 시애틀에서 열린 커피 시음회에서 스타벅스 커피를 맛보고 그 매력에 빠져들어 이 커피 가게를 인수할 계획을 세우게 된다.

그러나 하워드 슐츠에게는 스타벅스를 인수할 자금이 부족했다. 그는 투자자들을 만나러 다녔지만 비싸고 진한 유럽식의 스타벅스 커피는 미국에서 성공할 수 없다며 투자를 거절당했다.

좌절에 빠진 하워드 슐츠를 도와준 것은 다름 아닌 유대인들이었다. 당시 시애틀에서 부동산 등으로 부를 쌓고 있었던 유대인들이 부족한 자금난을 도와주었다. 만약 그때 유대인들이 하워드 슐츠를 돕지 않았다면 커피문화의 새 역사를 쓴 하워드 슐츠라는 경영인도, 우리가 시내 곳곳에서 즐기고 있는 스타벅스 커피도 전 세계에 전해지지 않았을지도 모른다.

유대인들이 하워드 슐츠를 도와준 데에는 같은 유대인이라는 연대의식도 있었지만 하워드 슐츠의 어울림 정신도 한몫했다.

하워드 슐츠는 미국의 브루클린 빈민가에서 자랐다. 아버지는 스스로 자신의 직업이 세상에서 가장 하기 싫은 일이라고 말할 정도로 여러 노동일에 종사했으며 어머니는 평범한 주부였다. 그가 사는 빈민가는 150세대가 함께 살았는데, 흑인·유대인·백인 등 다양한 인종과 어울려 지낼 수 있었다. 그곳에서 그는 인기 있는 사람이 되는 비결을 자연스럽게 터득하게 된다.

운동 감각이 뛰어났던 그는 친구들과 야구와 미식축구 등을 할 때면 여러 인종의 친구들에게 관심을 받았는데, 이는 그가 더욱 운동에 노력하는 계기가 된다. 운동을 통해 친구들과 연습하고 부딪히면서 다양한 부류의 사람들과 어울리는 법도 배우게 된다.

어린 시절에 보다 많은 사람을 만나고, 그들과 네트워킹을 만들어 가고, 좋은 도움을 받을 수 있는 관계를 만들 수 있는 능력이 없었다면 하워드 슐츠는 스타벅스 회장에 오를 수 없었을 것이다.

세르게이 브린

헬레나 루빈스타인

하워드 슐츠

스티븐 스필버그

에스티 로더

헨리 키신저

로버트 카파

아메데오 모딜리아니

펠릭스 멘델스존

마커스 새뮤얼

조지 소로스

위험 감수 · 4장

도전이 없으면 열매도 없다

때로는 위험을 감수하는
대담함이 필요하다

후츠파의 네 번째 정신은 위험을 감수하는 자세, 대담성이다. 유대인은 나라 없이 떠돌면서 생존에 끊임없이 위협을 당하면서 위험을 극복하는 정신과 도전정신을 길러왔다.

이스라엘의 신문 〈예디옷 아흐로놋〉은 다른 이민자들이 경찰이나 은행원처럼 손쉬운 기존 체제로의 편입을 선택한 반면 유대인 이민자들은 새로운 영역을 개척해 성공할 수 있었다고 분석하고 있다. 이처럼 유대인은 위험을 두려워하지 않고 대담하게 새로운 분야에 도전하여 부를 거머쥐고 성공을 이뤘다.

피터 드러커, 앨런 그린스펀, 조지 소로스, 로스차일드 등등, 경제에 관심이 있는 사람이라면 들어본 이름일 것이다. 세계 경제를 움직이는 이 인물들에게 공통점이 있는데 바로 유대인이라는 사실이다. 이뿐만이 아니다. 〈포브스〉가 발표한 미국 부자 순위 상위 40위에서 18

명이 유대인이며, 전 세계 가장 부유한 기업가 중 절반이 유대인이다. 〈포춘〉이 선정한 세계 100대 기업 소유주의 30~40%, 세계적 백만장자의 20%가 유대인이라는 통계 결과도 있다.

대표적 유대인 부자인 조지 소로스(George Soros)는 무일푼에서 세계적 거부로 탄생한 파란만장 스토리의 주인공이다. 그의 가족은 1947년 고향 헝가리에서 무일푼으로 영국으로 떠났다. 낮에는 쓰레기통을 뒤지며 배를 채우고 밤에는 웨이터를 하며 연명했다. 젊은 시절엔 그렇게 고생했지만 위험을 감수하는 고위험 헤지펀드 상품에 투자해 거액을 벌었다. 그의 재산 규모는 16조 원으로 세계 50위권 정도에 해당한다. 2013년에는 6조 원에 가까운 수익을 올리면서 헤지펀드의 왕으로 등극했다.

그러나 그는 검소한 생활과 자선 활동으로도 매우 유명하다. 오랜 기간 저택이 아닌 평범한 원룸에서 지냈으며 취미도 테니스에 불과했다. 매년 수백만 달러 이상을 기부하는 기부가인 그가 2002년에는 무려 5억 3,600만 달러(약 5,690억 원)를 기부하였으며 지금까지 약 80억 달러를 기부한 것으로 알려졌다. 이는 세계 3위의 기부자에 해당한다.

이처럼 세계 경제를 움직이는 리더인 유대인은 자녀가 어렸을 때부터 위험 감수의 정신과 독립심을 길러준다. 이것은 오랜 세월 동안 자신들에게 가해지던 탄압과 박해 속에서 살아남기 위한 강인한 정신력이자 생존술이었다.

모기는 사자에게 무서움을 주고 거머리는 코끼리에게 무서움을 주고
파리는 전갈에게 무서움을 주고 거미는 매에게 무서움을 준다.
아무리 힘이 강한 것도 항상 힘이 강한 것이 아니다.
아무리 힘이 약한 것도 어떤 조건만 갖추어진다면 강자를 이길 수 있다.

위의 말은 『탈무드』에 나오는 말이다.
이것은 자신감을 잃지 않고 도전하면 위험을 극복할 수 있으며 반드시 기회가 온다는 뜻이다.
박해와 유랑의 역사를 오랜 세월 겪었던 유대인은 다시는 과거와 같은 아픈 역사를 되풀이하지 않기 위해서라도 아이들을 강인하게 키워야 한다고 생각한다. 이러한 교육과 훈련을 통해 위험을 감수하는 내성을 가진 유대인 아이들은 어떠한 난관이라도 지혜롭게 이겨나가는 방법을 스스로 찾아내게 된다.

구글 창업자의
위험 감수 정신

세르게이 브린

구글의 공동 창업자 세르게이 브린(Sergey Brin)은 소련에서 태어났다. 유대인이라는 이유로 대학 입학과 사회 진출에 어려움을 겪었던 부모는 많은 고민 끝에 아들이 여섯 살 때 가족의 미래를 위해 소련을 탈출하기로 한다.

"여보, 이제 여기를 떠나야겠어요. 미국으로 가요."

1977년 아버지 미하일은 어머니에게 소련을 탈출하자고 제안한다. 당시는 미·소 냉전의 시대로 민주주의와 사회주의 진영 간의 장벽이 무척 높았을 때였다. 소련에서 미국으로의 이민은 웬만한 위험 감수 정신이 아니고서는 생각하기 어려운 일이었다. 어머니는 깜짝 놀랐다.

"소련을 떠난다고요? 유대인인 우리에게 비자가 나올까요? 혹여 비자가 나온다고 해도 기반도 없는 우리가 미국에 가서 어떤 일을 할 수 있을까요?"

"여보, 우리 민족은 항상 위험을 감수하며 극복해낸 민족이에요. 너무 두려워하지 맙시다. 문을 두드리면 열리게 될 거에요."

사회주의 국가에서 서방 세계로의 이민을 두려워했던 어머니도 이내 결심을 굳혔다. 그러나 비자를 신청하자 아버지와 어머니는 직장에서 해고를 당하고 만다. 하는 수없이 부부는 아르바이트와 임시직으로 연명하며 비자가 나오기를 기다렸다.

당시 소련에서는 비자 발급이 거부된 유대인이 많았다. 비자가 발급되지 않을 경우 미국행도 좌절되며, 소련을 떠나려고 했다는 오명을 쓴 채 직장도 없이 소련에서 지내야 하는 참담한 생활이 기다리고 있었다. 하루하루가 긴장과 고통의 연속이었지만 부부는 미래를 위해서라면 어떠한 위험도 감수할 각오로 버텨냈다.

부부는 힘든 시간을 현명하게 잘 활용했다. 직장 생활로 바빴던 아버지는 이 무렵 아들에게 컴퓨터를 가르쳐준다. 아버지의 컴퓨터 교육은 훗날 아들이 구글을 창업할 때 많은 영향을 미친다.

비자 신청 8개월이 될 무렵인 1979년 5월, 드디어 세르게이 가족은 비자를 받을 수 있게 되고 유대인 단체의 도움으로 미국에 정착한다. 미국에 도착한 초기, 부부는 많은 고생을 한다. 그러한 부모의 고생을 잘 알았던 아들은 부모에게 보답하기 위해 열심히 공부했고 19세 때 메릴랜드대를 우수한 성적으로 졸업하고 명문 스탠퍼드대학원에 진학하며 수학 신동으로 불린다.

세르게이 브린은 한 인터뷰에서 "부모님이 나를 미국으로 데려와 준 것에 무척 감사하게 생각한다"라고 말한 바 있다.

그는 부모의 위험 감수 정신과 극복의 의지를 보며 자랐다. 부모로부터 배운 위험 극복의 정신은 구글을 창업하여 어려운 사업의 시기가 있을 때마다 빛을 발하게 된다.

구글 창업 후 세르게이 브린은 사무실 주인집의 냉장고에서 음식을 훔쳐 먹어야 할 정도로 어려웠다. 자신의 돈과 주변인들의 돈을 모두 끌어모아 사업을 운영했지만 광고와 같은 수입원이 없어서 고전하고 있었다. 이때 구세주처럼 벤처 투자자가 나타나 구글에 투자한다. 크라이너 퍼킨스와 세쿼이아 캐피털이라는 벤처 캐피털 회사였다.

미국을 대표하는 벤처 캐피털 중 하나인 세쿼이아 캐피털의 마이클 모리츠 회장은 20대 중반밖에 안 되었던 구글의 창업자들에게 거금 2,500달러(한화 약 265억 원)를 투자한 이유에 대해 "장벽도 없고 한계도 없고, 장애물이 있어도 모두 뛰어넘겠다는 자신감이 있었다"고 밝히고 있다. 그렇기 때문에 그는 20대 중반밖에 되지 않았던 구글 창업자들에게 과감히 투자할 수 있었다고 말한다.

장애물이 나타나더라도 그 장애물이 무엇이 되었든지 모두 극복하겠다는 세르게이의 정신에는 소련을 탈출하는 등 역경을 이겨낸 부모의 영향이 매우 크다. 이처럼 유대인 부모는 자녀와 가족의 미래를 위해 과감히 위험을 시도하며 이를 감수한다.

화장품 업계 거장을 키운 어머니의 가르침

헬레나 루빈스타인

유대인에게 있어 상품은 두 가지밖에 없다고 한다. 여자를 상대로 하는 상품과 입을 상대로 하는 상품이 그것이다. 유대인은 남자가 일해서 돈을 벌어오면 주부인 여자는 남편이 벌어온 돈으로 생활을 하므로 남자보다 여자가 돈을 더 소비하는 기회가 많다고 생각한다. 그래서 그들은 돈을 벌려면 여자를 상대로 해야 한다고 생각한다.

이러한 경제 관점에 근거하여 여성을 상대로 돈을 번 유대인 중 대표적인 인물이 바로 화장품 업계의 두 거장, 헬레나 루빈스타인과 에스티 로더이다.

세계적 명품 화장품 '헬레나 루빈스타인'의 창업자 헬레나 루빈스타인(Helena Rubinstein)은 폴란드 출신 유대인이다.

열여덟 살에 자신의 이름을 붙인 영양크림을 가지고 뷰티살롱을 열어 성공을 거두기 시작한다. 뿐만 아니라 세계 최초로 딥클린징크림, 퍼밍크림, 보습제품 등을 개발하며 화장품 역사를 새롭게 썼다.

헬레나 루빈스타인은 어린 시절 어머니로부터 여자를 대상으로 돈을 벌라는 유대인의 경제관념을 배웠다고 전해진다.

"헬레나, 돈은 무조건 열심히 노력한다고 벌 수 있는 것이 아니란다. 시장을 잘 분석하고 나름의 전략을 세워야 한단다."

"엄마, 그럼 어떤 전략을 세워야 하나요?"

"우리 유대인의 상술에는 돈을 버는 원칙이 있단다. 그것은 바로 여자를 상대로 돈을 벌라는 거야. 남자는 일해서 돈을 벌어오고, 여자는 남자가 벌어온 돈으로 생활하고 소비하기 때문이란다. 그러므로 여자를 연구하는 것도 하나의 전략이 될 수 있어."

"알았어요. 엄마."

이처럼 유대인 부모는 아이들에게 일상생활 속에서 자연스럽게 경제 원리를 가르친다. 어머니의 가르침은 헬레나 루빈스타인이 여성을 상대로 하는 화장품 업계에 진출하여 큰 성공을 거두는 밑거름이 되었다.

자녀에게 역경 극복 정신을 심어줘라

하워드 슐츠

스타벅스 하면 떠오르는 하워드 슐츠(Howard Schultz)는 역경지수가 높은 경영자 중 한 명으로 꼽힌다.

앞서 언급했듯이 유대인 하워드 슐츠는 스타벅스의 창업자가 아니다. 스타벅스에 대한 애착이 강했던 하워드 슐츠는 스타벅스를 인수하고 싶었지만 자금이 부족했다. 그는 자금을 구하기 위해 투자자들을 만났다. 그러나 대부분의 투자자는 성공할 가능성이 없다며 투자를 거절했다. 한 해 동안 242명의 투자자를 접촉했지만 217명이 투자를 할 수 없다고 거절했다.

그는 여기서 포기하지 않았다. 뉴욕 브루클린 빈민가에서 어린 시절 어머니로부터 배운 용기와 유대인이라는 이유로 소외감을 느끼며 살아온 환경으로 인해 더욱 강인한 정신력을 키울 수 있었던 하워드 슐츠는 좌절하지 않고 소수의 투자자에게 받은 돈을 사업에 투자했고 그 결과 스타벅스 성공 신화를 써내려갈 수 있었다.

하워드 슐츠의 어머니는 어린 시절부터 용감한 위인들과 성공한 사람들의 이야기를 많이 들려주었다.

"얘야, 오늘 이야기가 재미있었니? 시련이나 역경에 좌절하지 않고 당당히 맞선다면 어떠한 위험도 감수할 수 있단다."

"네, 엄마."

어머니는 가난한 가정 형편에서 하워드 슐츠에게 줄 수 있는 재산은 강인한 정신력과 용기라고 생각했다.

하워드 슐츠는 초등학교 시절부터 신문을 돌리고 식당에서 일하고, 청소년기에는 무더운 여름에 스팀 다리미질을 하며 돈을 벌어야 하는 등 가난한 생활을 했지만 어머니가 심어준 위험 감수의 정신은 그를 더욱 강인하게 단련시켰고 사업가로 성장하는 밑바탕이 되어주었다.

훗날 하워드 슐츠는 "어머니는 나에게 어떤 것이든지 스스로 믿으면 안 될 일이 없다고 말씀하셨다"라고 말했다. 하워드 슐츠 어머니는 어떠한 위험에도 할 수 있다는 자신감을 심어준 사람이라고 할 수 있다.

자녀의 모험 정신을 키워줘라

스티븐 스필버그

"나는 정말 꿈에도 그가 어른이 되어 지금의 그가 될 줄은 상상도 못 했다."

이 말은 스티븐 스필버그(Steven Allan Spielberg)의 초등학교 6학년 담임선생님의 말이다. 선생님은 자신감도 부족하고 친구도 없었던 스필버그가 오늘날 유명한 영화감독이 될 것을 예견하지 못했다. 스필버그에게 좋은 선생님은 없었지만, 훌륭한 어머니가 있었다.

스필버그는 어린 시절 학교 공부를 소홀히 했으며 학교 다니는 것을 싫어했다. 스필버그의 행동에 대해 어머니 리아는 꾸짖지 않았다.

"오늘은 왜 학교에 가지 않는 거니?"

"배가 아파요. 그래서 학교에 안 갈 거예요."

"그러니? 그럼 오늘 하루는 집에서 쉬렴."

어머니는 아들이 꾀병을 부린 것을 알고 있었지만 스필버그가 좋아하는 일을 말리거나 억지로 무언가를 시키면 더 문제가 될 수 있다고 생각했기 때문에 학교를 보내지 않았다. 전문가들은 어머니가 스필버그가 하고 싶은 대로 내버려둔 것이 그의 상상력을 풍부하게 하는 계기가 되었다고 분석한다.

어린 시절 스필버그는 호기심이 많고 모험을 즐기는 아이였다.

한 번은 화산 폭발의 장면을 궁금해하자 리아는 압력냄비에 음식을 넣어 직접 화산이 폭발하는 모습을 재연해주었다. 여느 어머니였다면 간단히 설명하거나 책을 통해 알려주었을 텐데 어머니는 호기심 많은 아들을 위해 직접 실험하며 스필버그가 상상력과 모험심을 키우는 데 도움을 주었다.

스필버그는 에디슨학교에서 4년 동안 C만 받았다. 어머니는 실망하지 않고 아들은 똑똑하지만 학교라는 교육제도 안에서 평범한 학생으로 평가받을 뿐이라고 여겼다.

"네가 잘하고, 하고 싶은 일을 해라."

어머니는 아들이 학교라는 교육 제도에는 흥미가 없었지만 영화에 남다른 재능이 있음을 발견하고 자녀의 재능을 키워나갈 수 있도록 애정을 쏟았다. 그런 어머니의 애정은 스필버그가 세계적으로 유명한 영화감독이 될 수 있었던 원동력이 되었다.

사랑을 하면 우리의 감정은 부드럽게 응집되어 뇌와 몸 전체에 긍정적 영향을 준다고 한다. 자녀가 말썽을 피울 때, 엉뚱한 일로 부모의 속을 썩일 때 너무 속상해하기보다 자녀의 행동을 좀 더 긍정적인 측면에서 바라볼 필요가 있다.

최고의 품질과 가치로 경쟁하라

에스티 로더

'에스티 로더'라는 화장품 회사는 1964년 유대인인 에스티 로더(Estee Lauder)가 남편과 함께 창업한 화장품 회사로 세계적으로 유명한 고급 화장품 브랜드 중 하나다. 현재 에스티 로더는 고급 화장품 시장의 약 5분의 1을 차지하며 미국 시장에서 업계 1위를 고수하고 있다. 아베다, 맥, 바비 브라운, 오리진, 크리니크 등 여성들에게 인기 있는 화장품 브랜드가 모두 이 회사 소유다.

1998년 미국의 〈타임〉은 20세기의 가장 영향력 있는 천재 경영인 20인 명단에 여성으로 유일하게 에스티 로더의 이름을 올렸다.

에스티 로더는 사업 초기의 방문판매 방식을 버리고 백화점 진출을 통해 상품과 브랜드를 고급화한 것으로 유명하다.

1940년대 그녀는 미국에서 가장 화려한 백화점인 삭스 백화점을 찾아가 현관 앞 작은 가판대라도 좋으니, 자사의 제품을 팔 수 있게 해

달라고 요청했다. 에스티 로더는 그렇고 그런 보통의 화장품으로는 성공할 수 없다고 판단하고 고급 화장품으로 경쟁하고자 했다. 그리고 고급 화장품으로 경쟁하기 위해서는 백화점이 가장 좋은 매장이 될 수 있다고 판단했다.

그러나 백화점 담당자는 당시 무명에 불과한 에스티 로더 화장품의 입점을 거부했다. 백화점 진출의 기회가 막힌 그녀는 실망하지 않고 삭스 백화점에서 얼마 떨어지지 않은 곳에 있는 유명 고급 호텔의 한 객실을 빌리고 이곳에 자사 제품의 발표회를 개최하고 무료로 제품을 증정했다. 제품 발표회에 방문했던 고객들이 삭스 백화점을 찾아가 "왜 에스티 로더 화장품이 없느냐"고 백화점에 문의하기 시작했다. 이후 백화점은 그녀에게 자리를 내어주었다.

그뿐만 아니라 그녀는 뉴욕의 색스핍스애비뉴 백화점에 100여 차례나 신청서를 제출한 것으로도 유명하다.

그녀가 이처럼 끈질기게 백화점 입점을 위해 노력한 이유는 단 하나, 78%의 일반인이 아닌 22%의 부자를 상대로 돈을 벌어야 부자가 될 수 있다는 유대인의 경제 관념으로부터 기인한다.

유대인의 경제활동 법칙 중 78대 22의 법칙이 있다. 여기서 78은 일반인의 비율을, 22는 부자의 비율을 가리킨다. 즉 이 세상에는 부자보다 일반인의 수가 더 많지만 부자들이 가지고 있는 돈이 압도적으로 많으므로 부자를 상대로 경제활동을 하라는 것을 의미한다.

에스티 로더 가문은 이러한 유대인의 경제 원칙을 잘 알고 실천함으로써 성공의 DNA로 장착시켜, 오늘날 약 8조 3,000억 원의 매출을 올리는 글로벌 화장품 그룹으로 성장할 수 있었다.

몇 년 전 세계적 화장품 그룹인 에스티 로더 컴퍼니즈의 윌리엄 로더 회장이 우리나라를 방문했다. 한 기자가 창업주 에스티 로더의 손자인 윌리엄 로더에게 이처럼 성공을 거둔 로더 가문의 가장 중요한 성공 DNA가 무엇인지 물었다. 그러자 로더 회장은 "우리의 소비자들에게 최고의 품질, 최고의 서비스, 세계 최고의 가치를 주겠다는 것은 할머니만의 가치가 아니라 여러 세대에 걸쳐 내려오는 우리 가문의 가치이다"라고 대답했다.

이 말은 자신들의 강점은 저가가 아닌 고가 시장에 초점을 둔, 고급 화장품임을 강조한 것이다. 세계 유수의 화장품 브랜드 시장에서 에스티 로더가 오랜 기간 살아남을 수 있었던 비결 또한 여기에 있다.

용감한 어머니가
강인한 자녀를 키운다

헨리 키신저

유대인 헨리 키신저(Henry Alfred Kissinger)는 닉슨과 포드 대통령이라는 두 명의 대통령 시절 국가안보좌관과 국무장관을 지냈으며 정치가로서, 외교관으로서 세계를 움직여나갔던 인물이다. '대통령은 닉슨이었지만 세계를 움직인 사람은 헨리 키신저다'라는 말이 있을 정도로 주도적인 역할을 했던 그는 국방부 장관 시절 월남전을 종전시키며 노벨평화상을 수상하기도 했다.

그러나 헨리 키신저는 어린 시절 수줍음이 많고 말이 적은 내성적인 아이였다. 그런 그가 세계를 움직이는 리더가 될 수 있었던 것은 어머니의 교육 덕분이었다. 키신저는 "나의 어머니는 온갖 고난과 시련을 이겨낼 만큼 용기가 있고, 재난과 맞서 싸우지 않을 수 없도록 운명 지워진 강인하고 용감한 분이셨다"라고 기억한다.

키신저가 태어나기 직전 대대적인 유대인 학살이 진행되었다. 유대인이라는 이유로 부모는 독일 국적과 교사라는 직업까지 빼앗기게 된다. 어머니는 시련이 닥쳐와도 힘든 내색을 하지 않는 현명하고 강한 여성이었다.

"키신저, 오늘은 다윗에 대해 들려줄게."

"다윗은 씩씩한 것 같아요"

"그래. 너도 다윗과 같은 사람이 되어야 한다. 용기만 있다면 어떠한 위험도 이겨낼 수 있단다. 신은 우리를 지켜주실 거야."

어머니는 성경에 나오는 위대한 인물들의 이야기를 들려주며 아들에게 용기를 길러주었다.

어머니는 가난한 집안에서 자녀에게 많은 것을 가르쳐줄 수 없음을 안타깝게 생각하고, 많은 돈을 들이지 않아도 자녀에게 용기와 지혜를 심어줄 수 있는 교육 방법을 선택했다. 어머니의 이러한 노력은 키신저의 학교 성적에도 영향을 주었을 뿐만 아니라, 세계의 리더로 성장하는 밑거름이 되었다.

독일에서 키신저의 성적은 대부분 중간 정도에 그쳤다. 가족은 그의 나이 15세 때 미국으로 이민을 갔다. 이민자였던 그의 가정은 넉넉하지 못했는데, 아버지는 서점에서 일했고 어머니는 접시닦이 같은 허드렛일을 하며 생계를 이어나갔다. 미국으로 건너간 후 키신저의 성적은 눈에 띄게 향상되었다. 이민자와 유대인이라는 위기의식, 그리고 부모님의 고생은 그에게 새로운 자극제가 되어 더욱 단련시켰고 독일에서 평범한 학생에 불과하던 그를 거물 정치가로 다시 태어나게 했다.

자기 일을 스스로 하는 아이로 키워라

로버트 카파

2013년 가을 우리나라에서 로버트 카파(Robert Capa) 100주년 사진전이 개최되었는데, 사진작가로는 이례적으로 수만 명이 다녀갈 정도로 인기가 많았다. 전시장을 찾은 가수 조영남 씨는 "로버트 카파는 '사진계의 피카소'다"라고 칭송했다.

20세기 최고의 종군사진기자라 불리는 로버트 카파는 41년 짧은 생애 동안 스페인내전, 중일전쟁, 2차 세계대전, 이스라엘전쟁, 인도차이나전쟁에 참여했다. 스티븐 스필버그가 만든 영화 '라이언 일병 구하기'의 첫 장면은 그의 사진에서 빌려온 것으로도 유명하다. 로버트 카파의 위험을 감수하는 삶이 가능했던 원동력에는 위험을 두려워하지 않는 유대인 정신이 있었다.

카파는 1913년 헝가리 유대인 가정에서 태어났다. 그가 갓 태어났을 때 손가락은 여섯 개로, 보통 아이보다 한 개가 더 많았다. 산파는 어머니에게 이 기형이 행운의 징조가 될 것이라고 안심을 시켰다. 어머니도 아들의 손가락 장애에 실망하지 않고 행운이 될 수 있다고 믿었다.

17세 때 로버트 카파는 헝가리의 독재를 반대하는 시위에 참여했다가 경찰에 잡힌다. 집에 있던 어머니는 아들이 경찰에 붙들렸다는 소식을 전해 듣는다. 그러나 위기 상황에서도 어머니는 놀라지 않고 침착하게 대응한다. 카파의 가족은 헝가리에서 추방돼 베를린으로 건너간다.

카파는 은막의 여왕 잉그리드 버그만의 추천으로 할리우드까지 진출한다. 하지만 화려하고 안정적인 할리우드는 그에게 매력이 없었다.

"삶과 죽음이 반반이라면 나는 다시 낙하산을 타고 뛰어내려 사진을 찍겠다"고 말한 그는 잉그리드 버그만의 청혼을 거절하고 위험한 전쟁터로 향했고, 전쟁터에서 장렬하게 죽음을 맞았다. 그리하여 카파는 베트남전에서 사망한 첫 번째 종군기자가 되었다.

미국 정부는 그의 저널리즘 정신을 기려 알링턴국립묘지에 안장시키고자 했다. 그러나 어머니는 아들이 평화주의자라는 이유로 국립묘지 안장을 거부한다. 카파의 묘지는 뉴욕 외곽의 공동묘지에 자리 잡고 있다.

전쟁이라는 위험을 두려워하지 않았던 카파는 용감하고 현명한 어머니의 영향을 크게 받았다.

유대인 아이는 어려서부터 자립심을 키우기 위해 모든 일을 스스로 한다. 어린아이가 혼자 멀리 있는 친척 집에 다녀온다거나 부모님이 부재중일 때 나이 어린아이가 그보다 더 어린 동생을 보살피는 일을 당연하게 여긴다. 그들은 자녀가 책임감을 가질 수 있도록 모든 일을 <u>스스로</u> 하는 법을 가르친다. 그것이 자녀를 강하고 굳세게 키우는 첫걸음이라고 생각하기 때문이다. 자립심은 유대인 부모가 아이에게 주는 선물이다.

자녀의 미래를 위해
더 큰 세계를 선택하라

아메데오 모딜리아니

    비대칭 구도와 긴 얼굴의 인물로 유명한 아메데오 모딜리아니(Amedeo Modigliani)는 1884년 이탈리아 토스카나 주 리보르노에 있는 유대인 가정에서 3남 1녀 중 막내로 태어났다. 가죽과 석탄장사를 하는 장사꾼 아버지는 모딜리아니가 예술 세계에 심취하는 것을 마땅치 않게 생각했다. 그런 모딜리아니의 재능을 키워준 사람은 어머니였다.
    어머니는 모딜리아니가 어렸을 때부터 재능을 발견했다. 어머니는 아들이 그림 외에는 다른 것에 관심이 없다는 걸 알고 아버지를 설득하고자 노력했다. 모딜리아니의 스승 또한 재능을 알아보고 피렌체로 미술 공부를 하기 위해 떠나라고 권한다. 이것은 모딜리아니가 처음으로 집을 떠나 새로운 세계로 발을 들여놓는 것이었다. 어머니는 아들의 미래를 위해 굳은 결심을 한다.
    '그래, 여기 있어서는 훌륭한 화가가 될 수 없어. 위험을 감수하고

서라도 더 큰 세계로 나가야 해.'

그림에 남다른 감각이 있던 아들이 동네에서 초상화를 그리며 지내는 것을 안타깝게 여긴 어머니는 아들에게 제안한다.

"모딜리아니, 스승님의 권유대로 피렌체로 떠나렴."

"하지만 엄마, 아빠는 좋아하지 않으실 걸요. 무엇보다 여기서 초상화를 그리며 살아도 먹고 사는 데에는 문제가 없어요."

모딜리아니는 지역에서 어느 정도 인정받는 초상화가였기 때문에 안정적인 생활을 하고 있었다.

"그래. 현재는 어느 정도 만족하며 살 수 있단다. 그러나 위대한 예술가가 되기 위해서 동네에서 초상화만 그리며 살 수는 없단다. 큰 세상으로 떠나서, 더 크게 성장해야 한다. 그렇지 않고서는 어떠한 일도 해낼 수 없어."

어머니는 모딜리아니에게 그동안 조금씩 모아두었던 돈을 건네준다. 결국 모딜리아니는 어머니의 지원 아래 고향을 떠나 피렌체로 가게 된다. 그리고 피렌체에 잠시 머문 뒤 베네치아로 갔다가 파리로 가서 승승장구하게 된다.

유대인 부모는 자녀가 강인하게 성장할 수 있도록 어릴 때부터 위험 감수의 정신을 가르친다. 이러한 교육과 훈련을 통해 유대인 아이들은 가슴 깊은 곳에 희망과 자신감을 배워 간직한다.

독립심과 감성을 위한 여행

펠릭스 멘델스존

베토벤이나 브람스에 비하면 축복받은 인생을 살았던 펠릭스 멘델스존(Jakob Ludwig Felix Mendelssohn Bartholdy)은 당대 음악가들과는 달리 독일의 유복한 가정에서 태어나 일찍이 어머니로부터 수준 높은 음악 교육을 받았다.

어머니는 여섯 살 아들에게 직접 피아노를 가르쳤으며 최고 수준의 지적 교육을 받게 했을 뿐만 아니라 여덟 살 때에는 작곡가이자 지휘자 첼터에게 음악 수업을 받게 했다. 어머니는 멘델스존에게 있어 최초의 피아노 선생님이자 음악에 몰두할 수 있도록 아낌없는 성원을 보내준 후원자였다.

아들이 음악에 특별한 재능을 보이자 보다 감성이 풍부해지고 견문을 넓힐 수 있도록 세계 곳곳을 여행하도록 하였다. 이러한 여행에서 얻은 경험과 영감은 그의 음악적 소재로 발현되었다. 멘델스존은 영국을 10여 회 이상 방문했으며 남유럽과 북유럽 곳곳을 횡단하며 수많은 음악을 꽃피웠다. 그래서 멘델스존은 음악 역사상 가장 여행을 좋아한 작곡가로 꼽힌다.

20세 때에는 스코틀랜드를 방문해 '히브리디스 서곡(핑갈의 동굴)'을 작곡했으며 23세 때에는 교향곡 4번 '이탈리아'도 여행에서 영감을 얻어 썼다. 핑갈의 동굴은 스코틀랜드의 스태퍼 섬에 있는 동굴로 '핑갈의 동굴'을 들으면 장엄한 동굴과 주변의 뛰어난 경관이 그대로 느껴지며 '이탈리아'는 따뜻하고 눈부신 남부 유럽의 햇살과 꿈과 동경이 그려지는 음악으로 평가받고 있다.

멘델스존은 여행을 통하여 얻은 진취적인 사고와 다양한 경험을 바탕으로 보다 깊은 음악의 세계에 심취하게 되었고, 낭만주의 음악을 크게 발전시킬 수 있었다. 38년이라는 짧은 생을 사는 동안 멘델스존이 음악사에 길이 남을 작곡가, 연주자, 지휘자로서 명성을 얻을 수 있었던 데에는 여행의 영향이 컸다.

이는 어린 시절부터 자녀의 독립심을 길러주기 위해 여행을 하도록 권해왔던 유대인 전통의 영향이라 할 수 있다. 유대인은 여행을 통해서 폭넓은 세상을 다양하게 맛볼 수 있으며, 이런 과정은 자녀의 독립심을 키우는 데 있어 중요한 역할을 담당한다고 믿는다.

더 넓은 세상으로
아이를 보내라

마커스 새뮤얼

1872년 영국 런던에서 손수레를 끌며 잡화를 팔던 가난한 장사꾼인 아버지는 유대인 학교에 다니고 있던 19세의 아들 마커스 새뮤얼(Marcus Samuel)에게 아시아행 배표를 건넸다. 표를 받은 아들이 깜짝 놀라며 물었다.

"아버지, 배표를 왜 주시는 거죠?"

"아들아, 지금 우리 집은 가난하고 네 형제는 열한 명이나 되어 웬만한 돈벌이로는 집을 꾸려나갈 수가 없어. 아버지는 네가 아버지처럼 가난하게 살지 않으려면 더 넓은 세상으로 떠나 새로운 가능성을 찾아야 한다고 생각한다. 남들처럼 평범해서는 이 어려움을 극복할 수가 없단다."

"저더러 런던에서 그 먼 아시아까지 가라는 말씀인가요?"

요즘은 런던에서 아시아까지 비행기로 이동한다면 그리 불편한 일이 아니다. 하지만 1800년대라는 시대와 19세라는 나이를 고려하면 마커스 새뮤얼 부자에게는 모험과도 같은 도전이었다.

큰돈을 벌어 성공하겠다는 각오를 다진 마커스는 19세라는 나이에 혼자 아시아를 향하는 배에 올랐다. 그 배는 여러 아시아 나라들을 거쳐 생면부지의 땅, 일본에 도착했다.

마커스 새뮤얼은 거기서 부지런히 노력하여 작은 성공을 거두고 훗날 로열더치셸을 창업하게 된다. 노란색 조개껍데기를 마크로 하는 로열더치셸은 세계에서 두 번째로 큰 석유회사이며 석유, 가스, 대체에너지 개발 등의 산업을 이끄는 다국적 에너지 기업이다.

마커스가 성공할 수 있었던 데에는 어떤 환경에서도 위험을 감수하는 유대인의 후츠파 정신이 있었기 때문에 가능했다. 그의 무한한 도전정신에 세계는 열린 문으로 응답한 것이다.

위기 극복의
강한 정신력을 키워줘라

조지 소로스

    만약 주식이나 펀드에 투자한다면 2주 만에 얼마만큼 벌 수 있을까? 기간이 짧기 때문에 큰돈을 못 벌고 약간의 이익을 챙길 수도 있으며, 손해만 안 봐도 다행이라고 생각할 수도 있다. 위험을 감수하는 공격적인 투자로 2주 만에 10억 달러(1조 7,000만 원)를 번 월스트리트의 살아 있는 신이라 불리는 조지 소로스(George Soros).

    "그가 움직이면 멀리서도 그의 진동을 느낄 수 있다"고 할 만큼 그는 국제 금융계의 거물급 인사다. 그런 그가 월스트리트에서 크게 성공을 거둘 수 있었던 결정적 원인은 위험을 감수하는 능력에 있었다. 이러한 위험을 감수하는 정신은 아버지의 가르침이 있었기에 가능했다.

    조지 소로스는 헝가리에서 태어난 유대인이다. 조지 소로스의 아버지는 제1차 세계대전 당시 러시아의 전쟁 포로로 잡혀갔으며, 2차 세계대전 때는 신분증을 위조한 덕분에 겨우 목숨을 건질 수 있었다.

제2차 세계대전으로 독일이 헝가리를 점령하고 유대인에 대한 탄압이 시작되었을 때였다.

"아빠, 너무 무서워요."

"소로스, 무서워하지 마라. 두려워하지 않는다면 어떠한 위험한 상황도 극복해낼 수 있어. 두려워하는 모습을 다른 사람에게 보여서는 안 돼. 오히려 당당한 모습을 보여야 위기도 극복해낼 지혜가 생긴단다."

나치의 지배하에서 여러 차례 목숨을 잃을 위기를 넘겼던 아버지는 아들에게 위기를 감수할 줄 아는 자세를 알려주었다.

아버지는 조지 소로스에게 위험을 감수하는 것은 괜찮으며, 위험을 감수해야 할 때는 되는 대로 하지 말 것, 언제든지 되돌아 나올 준비를 하고 있으라는 세 가지 위험 감수의 원칙을 가르쳤다.

조지 소로스는 스스로 아버지로부터 많은 영향을 받았다고 밝힌 바 있는데 특히 역경 속에서 살아남는 법과 위험을 감수하는 법을 배웠다고 말했다.

조지 소로스의 아들인 로버트 소로스도 마찬가지 교육을 받았다. 로버트 소로스는 "아버지와 게임을 하더라도 아버지는 내가 어리다고 봐준 적이 없었다"라고 말한 바 있다. 조지 소로스는 작은 게임에서조차 아들에게 경쟁심을 심어주어 나중에 미래의 적들과 대항할 때 좌절하거나 어리석게 기회를 놓치지 않게 하려고 했다. 이처럼 경쟁심을 불러일으키고 위험을 감수하게 하는 것이 조지 소로스 가문의 자녀교육 전통이다.

아르투르 루빈스타인

마이클 델

찰리 채플린

마르크 샤갈

셰릴 샌드버그

요제프 요아힘

파블로 피카소

바브라 스트라이샌드

헨리 키신저

목표 지향 • 5장

목표에 다가갈수록 성취감이 커진다

구체적인 목표가
적극성을 이끌어낸다

서울대 경영학과 명예교수이자 전 서울대 부총장인 송병락 교수는 부자와 성공한 사람들의 특징으로 목표가 뚜렷한 점을 꼽고 있다. 부자와 성공한 사람들은 목표 지향적이며 자기 일에 최선을 다해 전념한다는 것이다.

유대인의 목표 지향 정신은 세 가지 분야에서 두드러지게 나타난다.

첫 번째는 경제 분야이다.

미국 내 유대인 인구 비율은 2%밖에 안 되지만 이들이 장악하고 있는 자본은 무려 40%에 이른다. 〈포춘〉이 선정한 세계 100대 기업 소유주의 30~40%, 세계적 백만장자의 20%가 유대인이다. 또한 미국의 거대한 독점 자본가 상위 50개 그룹 중 록펠러, 모건, 듀폰, 멜론, 시티코프 등 21개 기업이 모두 유대계 자본으로 이루어져 있다. 미국 경제를 지배한다는 것은 곧 세계 경제를 장악하고 있다는 것을 의미한다.

유대인은 중세시대에 유럽에서 집과 토지를 소유할 수 없는 법적인 제재가 있었다. 이러한 법적 금지 조치에도 불구하고 이들이 세계 경제를 이끌어가는 리더가 된 비결은 바로 목표 지향의 정신에서 비롯된다.

우리나라 사람들은 어떤 일을 해서 돈을 벌었는가를 따지는 경향이 있다. 그러나 유대인은 깨끗한 돈, 더러운 돈이라는 구분이 따로 없다.

그래서 유대인 부모는 자녀의 경제 교육을 중시한다. 그들은 자녀에게 돈의 의미를 제대로 가르치는 동시에 돈을 죄악시하거나 부정적인 것으로 생각하지 않도록 교육한다. 자녀에게 용돈을 줄 때도 돈의 올바른 쓰임새와 가치 창출에 대해 먼저 가르친다.

그들은 왜 자녀의 경제 교육을 중시하는 것일까? 경제적 풍족은 자녀가 행복하고 풍요로운 삶을 살기 위한 기본 조건이 되기 때문이다. 그래서 자녀에게 돈을 버는 법뿐만 아니라, 돈을 소중하게 다루고 운용하는 법, 근검절약하는 법, 다른 사람을 돕는 법까지 다양하게 가르친다.

두 번째는 공부다. 목표 지향적인 유대인은 평생 배우는 것을 목표로 삼는다. 새로운 것에 도전하고 배우는 것에 게으르지 않고 자기 발전을 위해 꾸준히 노력한다.

빌 게이츠는 다양한 강연에서 "실행하면서 자신의 꿈을 실현하라. 머뭇거리지 말고 목표를 향해 달려가라"고 말하고 있다.

이처럼 유대인은 목표가 분명한 민족으로 학문과 경제 등 고른 분야에서 목표 지향적 정신을 발현한다.

목표에 대한 조급한 마음을 먼저 다스려라

아르투르 루빈스타인

예체능 재능을 가진 자녀를 키우는 부모가 고민하는 문제가 비싼 레슨비와 투자비용이다. 자녀의 재능을 발견하더라도 집안 형편 때문에 포기하거나 모른 척할 수밖에 없는 경우도 있다.

아르투르 루빈스타인(Arthur Rubinstein)은 폴란드에서 태어난 유대인이다. 3남 3녀의 형제, 자매를 둔 그의 집안은 어린 시절 형편없이 기울기 시작한다. 부모는 막내인 루빈스타인의 음악적 재능이 아까워 고민하기 시작한다. 어머니는 루빈스타인을 데리고 유명한 음악가들을 찾아가 간절히 애원했다.

"선생님, 이 아이에게 피아노를 가르쳐주세요. 지금은 넉넉하지 못해 레슨비를 낼 수 없지만 보답은 꼭 하겠습니다."

그러나 음악가들은 레슨비를 내지 못한다는 이유로 사사를 차갑게 거절했다. 만약 여기서 어머니가 실망했다면 아르투르 루빈스타인이라는 위대한 음악가는 탄생할 수 없었을지도 모른다. 어머니는 포기하지 않았다. 다시 아들을 데리고 독일의 베를린까지 건너갔다. 그곳에는 루빈스타인이 어렸을 때 삼촌의 소개로 만났던 바이올린의 거장 요셉 요하임이 있었기 때문이다.

루빈스타인의 연주를 들은 요하임은 그의 음악성을 인정하고 유명한 교수를 소개해주겠다고 나섰다. 어머니는 용기를 내어 말했다.

"선생님. 우리 집이 가난해서 유명한 교수님께 가르침을 받기가 어렵습니다. 실은 레슨비가 없답니다."

어머니는 요하임에게 가정 형편을 털어놓았다.

"저는 루빈스타인의 천재성을 잘 알고 있습니다. 그의 음악적 재능을 버리기엔 안타깝네요. 무엇보다 없는 형편에 베를린까지 저를 찾아오신 부모님의 헌신적인 사랑에 감동했습니다. 그러니 방법을 찾아봅시다."

어머니의 노력에 감동한 요하임은 유대인 음악가들을 설득해 루빈스타인의 교육비를 지원받는다. 이로써 그의 음악 교육은 한고비를 넘기게 된다.

"감사합니다. 선생님."

"어머니, 한 가지 조건이 있습니다. 아들을 음악가로 빨리 출세시키려고 하거나 너무 조급하게 생각하지 마세요."

"네. 알겠습니다. 꼭 지키겠습니다."

요하임은 교육비를 지원하는 대신 어머니에게 한 가지 조건을 내걸었는데 그것은 아들을 빨리 출세시키려고 조급해하지 말라는 것이었다. 어머니는 약속을 지킴으로써 아들은 어린 시절의 천재성을 넘어서 성인이 되어서도 훌륭한 음악가로 남을 수 있었다.

　루빈스타인의 어머니는 높은 목표 의식을 설정하고, 그 목표를 이루기 위해 최선을 다했다. 그리고 가난이라는 장애물을 극복했다. 또한 조바심을 내지 않고 아들의 재능을 격려하여, 아들이 성인이 되어 그 재능이 더욱 빛날 수 있도록 지켜주었다.

승부사 기질이 만든 이기는 문화

마이클 델

"이제부터 월 2,000개의 서버를 파는 것을 목표로 하며, 반드시 이를 실현합시다."

델컴퓨터의 마이클 델(Michael Saul Dell)은 서버 시장에서의 부진을 극복하기 위해 매월 1,000개 팔던 서버를 2,000개로 팔자고 2배나 높은 목표를 설정한다.

그의 발표가 나오자마자 직원들 사이에서 불만의 소리가 나오기 시작했으며 IT 업계 또한 반신반의하는 분위기였다. 갑자기 2배의 목표를 설정하고, 실현한다는 것은 말처럼 쉬운 일이 아니었기 때문이다. 게다가 델컴퓨터는 당시 업계 10위 정도의 규모였기 때문에, 2배나 높은 목표를 실현하기가 쉽지 않았다.

마이클 델은 주변의 차가운 반응 탓에 고민에 잠겼다.

'목표는 반드시 이뤄야 해.'

유대인 특유의 목표 의식이 강했던 델은 목표를 이루기 위해 고민하기 시작했다. 처음에는 직원들을 만나서 설득하고, 교육도 했지만, 반응은 미비했다.

그래서 고안해낸 것이 바로 대규모의 단합대회였다. 단합대회 날 델은 올림픽의 주자처럼 성화를 들고서 체육관을 뛰었다. 몇몇 직원들은 슈퍼맨 옷을 입고 나타났는데, 특이한 복장은 다른 직원들의 재미와 흥미를 불러일으키기에 충분했다. 서서히 단합대회는 열기를 더해 갔고 직원들도 이날 서버 시장에서의 제패를 다짐하며 각오를 높였다.

이러한 델의 높은 목표 의식은 성취감을 더해서 1996년 당시 서버 시장에서 10위에 그쳤던 것이 1997년에는 4위, 1998년에는 2위까지 뛰어오르게 된다.

델컴퓨터의 위닝 문화(Winnig Culture)는 많은 대기업들이 롤모델로 삼을 정도였다. 위닝 문화라는 독특한 기업 문화를 만들어 승승장구할 수 있었던 데에는 어린 시절에 승부욕을 가르쳐준 아버지로부터의 배움 덕분이었다.

마이클 델이 어린 시절에 있었던 일이다. 삼 형제였던 그들은 자주 싸움을 하였다. 아버지는 싸움을 하지 말아야 한다고 하면서 만약에 싸움이 붙으면 무조건 이겨야 한다고 가르쳤다. 그 가르침의 영향으로 높은 목표 의식과 승부사 기질이 뛰어났던 마이클 델은 델이라는 컴퓨터 회사를 창업하고 이 회사에 승리하는 문화인 위닝 문화를 만들어내기에 이르렀다.

『탈무드』에서는 다음과 같이 언급하고 있다.

- 세상에서 가장 가난한 것보다 더 슬픈 것은 없다. 가난은 모든 고통 중에서 가장 지독한 것이다.
- 자녀에게 경제 교육과 기술 교육을 제대로 시키지 않는 부모는 자녀를 도둑으로 키우는 것과 마찬가지다.

유대인은 가난보다 더한 슬픔은 없으며, 이를 이겨내기 위해서 높은 목표 의식과 경쟁력을 가져야 할 것을 강조한다.

재능을 키우는
교육법을 선택하라

찰리 채플린

찰리 채플린(Charles Spencer Chaplin)은 1889년 영국에서 태어났다. 어머니는 유대계 여배우였고 아버지는 뮤직홀 가수이자 배우였다. 채플린이 태어나고 1년 뒤 부모는 이혼했으며 이후 어머니, 형과 함께 지독한 가난을 경험해야 했다.

채플린의 자서전에 따르면 어머니는 자녀들에게 옛날이야기를 자주 들려주었는데, 이야기를 그냥 들려주는 게 아니라 이야기 속 등장인물의 감정과 행동을 흉내 내며 모든 것을 연기를 통해 보여주었다. 나폴레옹 이야기를 들려줄 때면 어머니는 나폴레옹 황제와 신하의 역할을 각각 연기를 하며 연기에 대한 흥미를 불러일으켰다.

"나폴레옹 폐하, 신이 폐하를 대신해서 책을 꺼내드리겠습니다."

"아니다. 내가 서가의 책을 꺼내겠다."

"제가 폐하보다 키가 크니, 제가 꺼내겠습니다."

"뭐라고? 내 키가 자네보다 작다고? 내 키는 자네보다 크다네."

어린 채플린은 어머니가 옛날이야기를 들려줄 때 마치 이야기 속 현장에 자신이 들어간 느낌이 들 정도였으며 어머니가 연기한 인물들을 만나보고 싶은 열망까지 생길 정도였다고 회고하고 있다.

또한 어머니는 무대에서 했던 연기를 직접 보여주기도 했으며, 때로는 다른 배우들의 모습도 채플린에게 가르쳐주었다. 이것은 채플린에게서 일찍이 예술적 재능을 발견했기 때문이었다.

"채플린, 연기가 재미있니?"

"네. 저도 배우가 되고 싶어요."

"네가 노력한다면 세계적 배우가 될 수 있을 거야. 엄마는 너를 믿는단다."

어머니는 아들에게 배우 기질을 발견하고 매우 기뻐하였으며 그가 배우로서 성공할 수 있기를 바랐다. 그녀는 연기 이론과 실기를 모두 아들에게 전수해주려고 노력했다. 생계를 잇기 어려울 만큼의 생활고에 시달렸지만 아들의 연기 교육에는 시간과 노력을 아끼지 않았다.

훗날 채플린은 자서전에서 "어머니는 대단한 재능을 가진 배우였으며, 나에게 관찰력과 팬터마임 솜씨를 물려주었다"고 기록했다. 초등학교의 문턱도 밟지 못한 찰리 채플린이 20세기를 대표하는 배우이자 감독이 되기까지 어머니의 역할이 컸다. 훌륭한 배우로 키우겠다는 어머니의 높은 목표 정신으로 찰리 채플린은 가난하고 비극적인 삶 속에서도 배우라는 꿈과 재능을 키울 수 있었다.

어머니의 목표 의식이
자녀의 미래를 결정한다

마르크 샤갈

색채의 마술가로 불리며 피카소와 함께 20세기 최고의 미술가 중 한 사람으로 꼽히는 마르크 샤갈(Marc Chagall)은 1887년 러시아의 작은 유대인 마을에서 태어났다.

샤갈이 미술가가 되는 데 결정적 기여를 한 사람은 어머니다. 아버지는 청어 창고에서 일했는데 일하는 것이 얼마나 힘이 들었던지 저녁 식탁에서 기도를 드리기도 전에 그대로 잠을 자는 날들이 있을 정도였다.

어머니는 집안에서 여러 형제를 돌보며 식품점을 차려 생계를 도왔다. 식품점은 청어, 귀리, 밀가루, 각설탕 등을 파는 작은 상점이었다. 여러 자녀와 가게를 꾸려나가는 힘든 생활 중에도 어머니는 샤갈을 격려하는 것을 잊지 않았다.

"아들아, 너는 그림 그리기에 재능이 뛰어나구나. 조금 더 노력한다면 위대한 화가가 될 거야."

"아들아, 오늘 학교에서는 무엇을 배웠니? 너는 무엇을 배우는 게 재미있었니?"

샤갈은 가난한 집안 형편 탓에 또래보다 늦게 초등학교에 다녔다. 그렇지만 예술 작품은 다른 미술가의 작품과는 달리 슬픔, 우울, 힘듦 같은 어두운 감정이 보이질 않는다. 어린아이가 그림을 그린 것처럼 동화와 같은 세계를 순수한 마음으로 그리고 있다. 날아다니는 사람들, 환상적인 동물들 등 화려한 색채와 자유로운 상상력이 가능하게 된 데에는 사랑과 격려를 준 어머니 덕분이었다.

샤갈은 그림 그리는 일에 남다른 재능을 보였다. 어머니는 아들의 재능을 발견하고 일찍부터 미술 공부를 시켰다. 당시 러시아에서 중등학교에 진학한다는 것은 극소수의 귀족들에게만 가능한 일이었지만 어머니는 아들의 재능을 살리기 위해 열성을 쏟았다. 그리하여 어머니는 아들의 학업을 위해 학교 선생님에게 뒷돈을 줘서 입학을 시켰다. 이것은 귀족이 아닌 어머니가 자녀의 미래를 위해 감행한 위험한 시도였다.

샤갈은 "예술은 어딘가에 속해야 한다. 예술가란 어머니의 앞치마 끈에 묶여 있다. 인간적으로 형식적으로 어머니의 친밀함에 사로잡혀 있는 것이다. 형식은 학술적인 가르침에서 나오는 것이 아니라 이러한 소속됨으로부터 나온다"라고 말함으로써 그의 예술 세계에 어머니가 끼친 영향을 언급하고 있다.

워킹맘은 자신에게
적합한 목표를 세워라

셰릴 샌드버그

페이스북의 2인자로 불리는 셰릴 샌드버그(Sheryl Kara Sandberg). 그녀는 일찍 퇴근하는 날에는 아이들과 함께 저녁식사를 하고 책을 읽어주었다. 아이들이 잠이 들면 서재로 곧바로 가서 못다 한 회사 일을 마무리하곤 했다. 일찍 퇴근할 수 없는 날에는 아이들이 사무실로 와서 엄마가 일하는 동안 회사에서 놀도록 했다. 아이들은 레고 장난감을 가지고 놀며 엄마를 기다렸다.

아이들이 어렸을 때에는 오전 7시부터 오후 7시까지인 근무 시간을 육아와 가사노동을 위해 오전 9시부터 오후 5시 30분으로 조정했다. 대신 그 시간만큼은 다른 일을 하지 않으며 직장생활을 남들보다 더 열심히 함으로써 일을 잘하는 사람이라는 이미지를 굳혔다.

그녀는 여성이 직장 생활을 하는 데 있어서 숱한 장애물이 도사리고 있다면서 특히 나쁜 어머니나 나쁜 아내, 나쁜 딸이 될지도 모른다는 두려움이 가세한다고 말하며 워킹맘들이 죄책감을 갖지 말아야 한다고 강조한다. 그래서 워킹맘에게 있어서 직장과 가정생활 간의 시간 관리도 중요하지만 죄책감 관리도 그만큼 중요하다고 말한다.

또한 가정과 회사 생활에서 완벽하지 못하다고 해서 나쁜 엄마가 되거나 능력 없는 직원이 되지는 않으므로 워킹맘 스스로 선을 긋는 것이 중요하다고 말한다. 회사는 직원들에게 시간을 더 내라고 끊임없이 요구하지만 선을 긋는 것은 스스로의 몫이라는 것이다.

셰릴 샌드버그는 이러한 워킹맘 정신으로 미국을 대표하는 기업인이자 〈포브스〉에서 2012년 발표한 세계에서 가장 영향력 있는 여성 12위를 차지할 수 있었다.

위대한 스승을
찾아줘라

요제프 요아힘

엄마가 있어 좋다/ 나를 예뻐해 주어서
냉장고가 있어서 좋다/ 나에게 먹을 것을 주어서
강아지가 있어서 좋다/ 나랑 놀아 주어서
그런데 아빠는 왜 있는지 모르겠다

어느 시골 초등학교 백일장에서 나온 '아빠는 왜?'란 제목의 글이다.

우리 사회에서 아버지는 직장 생활로 바쁘므로 집안 문제나 자녀 교육에 소홀하기 쉽다. 최근 많은 아빠가 자녀 교육에도 적극 동참하고 있지만 아직 육아는 엄마의 몫이다.

그러나 유대인은 다르다. 그들은 자녀 교육에서 아버지와 어머니의 구분이 없다. 유대인 아버지는 가정에 충실하며 자녀 교육에 열성을 쏟는다. 지금도 가정에서 『탈무드』를 가르치는 사람은 아버지일 정도로 자녀 교육에서 아버지의 역할은 중요하다.

유대인 멘델스존에게 어느 날 열두 살의 유대인 아이와 아버지가 찾아온다. 아버지는 아들을 음악가로 키우기 위해 멘델스존에게 사사 받기를 청했다. 그러자 멘델스존이 물었다.
"당신의 자녀에게 무엇을 가르칠까요?"
그러자 아버지가 대답한다.
"선생님이 호흡하는 공기를 그 아이가 함께 호흡하도록만 해주십시오."
이 위대한 말을 남긴 아버지는 바이올리니스트 요제프 요아힘(Joseph Joachim)의 아버지이다. 멘델스존에게 음악을 사사 받은 요제프 요아힘은 19세기 최고의 바이올리니스트 가운데 한 명으로 간주되는데 자신의 연주를 녹음한 최초의 바이올리니스트이기도 하다. 그리고 철학자 루트비히 비트겐슈타인의 삼촌이기도 하다.
요제프 요아힘은 요하네스 브람스와의 우정으로도 유명하다. 1853년부터 알게 되어 친구로 지냈던 두 사람은 평생 음악적 동반자였다. 브람스는 그를 위해 '바이올린협주곡 D 장조, 작품 77'을 작곡하였는데, 이 작품은 음악사상 훌륭한 바이올린 협주곡으로 손꼽힌다.
특이한 점은 제1악장 끝 부분은 요아힘의 의견에 의해 수정되었다는 점이다. 바이올린 협주곡을 작곡하면서 브람스는 두 살 연상 친구인 요제프 요아힘에게 조언을 구했는데 요제프 요아힘은 브람스를 직접 찾아가서 세부적으로 의견을 주었다. 요아힘의 수정 의견 일부는 브람스에 의해 받아들여졌는데 브람스는 이 곡에 대한 요제프 요아힘의 공로를 인정하여 완성된 작품을 그에게 헌정했다.

끊임없이 격려하고 지원하라

파블로 피카소

부모는 자녀가 관심이 있는 것을 최대한 잘할 수 있도록 격려를 하며 용기를 북돋아주어야 한다. 아이가 어떤 것에 더 관심을 두고 있고 아이가 잘할 수 있는 일은 무엇인지 부모는 아이에게 관심을 쏟아야 한다.

파블로 피카소(Pablo Ruiz Picasso)는 부모의 관심과 애정이 없었다면 유명한 화가로 거듭날 수 없었을 것이다. 특히 피카소가 세계적 화가가 되는 데 아버지가 많은 영향을 주었다.

아버지는 아들의 재능을 일찍 발견하고는 피카소를 자주 투우장에 데리고 갔다. 집에 돌아와서는 투우장에서 본 소를 그리게 했다.

"오늘 아버지랑 다녀온 투우장의 모습을 그림으로 그려보자꾸나."

"피곤한데 안 그리면 안 되나요?"

"오늘 본 소와 투우사의 생생한 감동을 그리려면 지금 그리는 게

훨씬 낫지 않을까? 나중에 네가 그린 그림을 본다면 경기 내용과 느꼈던 감동이 새록새록 솟아날 거야."

"네, 알았어요. 아빠. 그럼 조금 쉬었다가 그럴게요."

아버지는 투우장을 다녀온 후 생생한 기억이 사라지기 전에 그림을 그리게 했다. 이러한 훈련을 통해 피카소는 뛰어난 관찰력과 표현력을 기를 수 있었다.

피카소는 "나는 어린아이의 상상 단계를 빨리 뛰어넘었다. 나는 어른스러운 데생을 하였다. 내 아버지는 데생 교사였다. 나를 남들보다 일찍 이 길로 들어서게 한 것은 다름 아닌 아버지였다"라고 말했다.

위대한 예술가 피카소의 뒤에는 그를 끊임없이 격려하고 훈련한 아버지가 있었다.

앨런 그린스펀 미국 연방준비제도이사회(FRB) 의장 또한 유대인 아버지의 영향으로 경제의 중요성을 알게 되고 세계 경제의 핵심이 된 인물이다. 아버지는 아들에게 어린 시절부터 경제관을 심어주어야 한다고 생각했다. 그래서 겨우 다섯 살에 불과한 그를 증권사로 데려가서 주식이 무엇인지, 채권은 무엇인지를 설명하고 경제의식을 심어주었다. 앨런 그린스펀은 어린 시절 아버지의 경제 교육이 자신의 삶에 많은 힘이 되었다고 회고한 바 있다.

뿐만 아니라 미국 IT 업계의 거장인 애플 공동창업자 스티브 워즈니악, 페이스북의 설립자 마크 주커버그 등은 어린 시절 아버지로부터 많은 영향을 받은 것으로 유명하다.

아빠는 자녀에게 많은 영향력을 미치는 존재라는 사실을 명심하자.

때로는 완고한 교육이 필요하다

바브라 스트라이샌드

전 세계에서 음반을 가장 많이 판매한 가수는 엘비스 프레슬리이다. 그다음이 영국의 유명한 그룹 비틀스이며 3위가 현존하는 가수이자 영화배우, 영화제작자인 바브라 스트라이샌드(Barbara Joan Streisand)이다. 현재까지 그녀의 음반 판매는 1억 4,000장이 넘는데(2011년 기준) 여성 가수 음반 판매 실적에서는 1위이다. 음반 판매뿐만 아니라 51개의 골든 디스크와 43개의 플래티넘 디스크를 발매했으며 20세기 최고의 여가수로 불리고 있다. 그리고 영화 '아웃 오브 아프리카' 등으로 영화배우로도 독보적인 위치를 차지하고 있다.

유대인 바브라 스트라이샌드는 1942년 미국 뉴욕 브루클린에서 태어났다. 초등학교 교사였던 아버지는 그녀의 나이 한 살 때 사망하고 만다. 아버지가 돌아가신 후 그녀의 집은 엄청난 생활고를 겪는데 홀어머니는 여러 직업을 거치면서 딸을 키웠다. 어머니는 혹시 딸이 잘못될까 봐 엄하게 교육했다.

  어머니가 이렇게 교육한 데에는 아버지 없이 자란 딸이라는 손가락질을 받을까 하는 우려도 있었지만 어린 시절부터 끼가 많아서 남달랐던 딸을 걱정한 데서 비롯된 것이다. 거울을 보며 연예인 흉내를 내거나 몰래 목욕탕에 들어가 담배를 피우는 등 남다른 끼를 가진 딸의 재능은 키우되, 엇나가지 않도록 하는 조치가 필요했다. 그래서 어머니는 딸의 데이트도 금지하는 등 완고한 교육을 했다.

  바브라 스트라이샌드가 끼만 있었다면 50여 년이 넘는 긴 세월 동안 전 세계인의 사랑을 받을 수 있었을까? 그녀에게는 재능과 함께 자신을 단련하고 훈련하는 방법을 알려준 완고한 어머니의 교육이 있었기에 오늘날까지 롱런할 수 있었다.

책 읽기로 자녀에게 지혜를 전해라

헨리 키신저

『탈무드』에 나오는 잠언 가운데에는 '돈을 빌려주는 것은 거절해도 책을 빌려달라고 할 때는 거절하지 마라'는 말이 나온다.

유대인 아버지는 가정에서 시간을 보낼 때 책을 손에서 놓지 않는다. 이런 모습을 옆에서 보는 자녀들은 아버지를 따라 책을 읽는 흉내를 낸다. 그런 흉내를 통해 자녀들의 머릿속에 '아버지는 책을 읽는 사람'이라는 관념이 깊게 뿌리를 내리게 된다. 바로 이러한 유대인의 습관들이 현명한 유대인, 머리 좋은 유대인을 만든다.

유대인으로서 처음으로 미국의 국무장관까지 오른 헨리 키신저(Henry Alfred Kissinger). 교사였던 그의 아버지는 늘 책을 가까이하던 사람이었다. 집의 방 다섯 개가 모두 책으로 채워져 있었을 정도였다. 아직 글을 몰랐던 어린 키신저에게 아버지의 책 읽는 모습이 알게 모르게 각인되었다.

아버지가 책을 읽는 모습은 그의 생애를 지배하고 세계 정치 무대에서 리더의 역할을 수행할 수 있게 하였다.

아버지의 영향으로 어린 시절부터 책을 많이 읽었던 키신저는 하버드대학원에서 박사 학위를 받고 하버드대에서 교수를 지낸 후 미국의 가장 중요한 시기에 국무장관을 역임하게 된다. 그는 국무장관이라는 바쁜 일정에도 불구하고 토막시간을 활용하여 책을 가까이한 독서광으로 유명하다.

자녀는 어린 시절, 책 읽기를 통해 미래를 상상하고 자신의 꿈을 설정하게 된다. 어린 시절 읽은 책의 감동은 그 아이의 전체 삶을 지배하게 된다. 어린 시절의 독서란 바로 이러한 것이다. 독서란 책 읽는 단순한 행위가 아니라 삶의 지혜와 미래를 포함한다.

알베르트 아인슈타인

캘빈 클라인

에스티 로더

존 데이비슨 록펠러

토머스 에디슨

마크 주커버그

칼 마르크스

아리 워셜

끈질김 · 6장

마라톤에서 이기는 법을 가르쳐라

유대인의 끈기와
인내력이 주는 교훈

인디언 라코타족이 기우제를 지내면 반드시 비가 내린다고 한다. 기우제의 성공 확률이 높은 이유는 비가 올 때까지 기우제를 지내기 때문이다. 누구나 성공할 수 있는 자질과 능력을 가지고 있다. 다만 성공하고 못하느냐는 얼마나 끈질기게 도전하고 힘든 날들을 인내하였느냐에 달려 있다.

후츠파 정신의 여섯 번째는 '끈질김의 정신'이다. 유대인의 끈기는 두 가지 측면에서 나타난다.

첫째, 공부를 중시하며 인내력 있게 공부한다는 점이다.

유대인은 평생을 두고 꾸준히 공부하는 것을 중요시한다. 학교 다닐 때만, 입사나 승진 시험 시에만 반짝 공부하는 것이 아니라 평생 공부하는 것을 목표로 삼는다. 특히 유대인은 책을 가까이하는 것으로 유명하다.

이를 반영하기라도 하듯 『탈무드』에는 '책이 없는 집은 영혼이 없는 몸과 같다'처럼 독서에 관한 수많은 경구가 수록되어 있다. 또한 18세기 유럽 유대인 마을에서는 책을 빌려 달라는 요구를 거부한 사람에게는 벌금을 물렸다는 기록도 있을 정도이다.

오랫동안 공부를 하는 것은 우리나라 사람도 못지않다.

얼마 전 한국을 방문한 라가르드 IMF 총재에게 김용 세계은행 총재는 "한국 학생들은 8시부터 11시까지 공부합니다"고 설명했다. 그러자 라가르드 총재가 "어떻게 3시간 공부하면서 그렇게 성적이 좋죠?"라고 반문했다. 당황한 김용 총재는 "오전 11시가 아니라 오후 11시까지입니다"라고 대답해 라가르드 총재가 매우 놀랐다고 한다.

그러나 유대인에게 있어 끈기는 우리나라처럼 단순히 시간의 투자만을 의미하는 것은 아니다. 그들에게 끈기는 자신의 잠재력을 극대화하여 평생 실천에 옮겨 자신이 행복하고 사회에 이바지하는 삶으로 가기 위한 요소이다.

둘째, 끈기 있게 노력하여 학문이나 사업 등 자신의 분야에서 뚜렷한 업적을 남긴다.

그들은 다른 사람을 이기려는 노력을 넘어 자기 자신과의 싸움에서 이기기 위해 노력한다. 즉 유대인은 자아실현을 더 중요하게 생각한다. 그리고 이를 위해 구체적인 목표를 세우고 꾸준히 실천해나간다.

부모의 끈기가
특별한 자녀로 키운다

알베르트 아인슈타인

　아인슈타인(Albert Einstein)은 물리학자에게 가장 중요한 덕목이 무엇이냐는 질문에 첫째도 인내, 둘째도 인내, 마지막도 인내라고 대답했다. 아인슈타인은 주위가 아무리 시끄러워도 자기 공부를 하는 끈기를 갖고 있었다. 이러한 끈기는 그를 천재적 물리학자로 만드는 중요한 요인이 되었다.

　아인슈타인은 네 살이 되어서야 처음으로 말을 시작했을 정도로 발육이 늦었으며 일곱 살까지 자신이 말한 내용을 몇 번이고 되풀이하거나 친구들과 잘 어울리지도 않았다. 학교에 들어가서도 문제를 푸는 데 꽤 오랜 시간이 걸렸으며 그나마 틀린 답을 내놓기 일쑤였다.

　그래도 부모는 인내심을 발휘했다. 자녀의 발달이 조금 늦더라도 조급해하지 않았으며 아이가 뭘 좋아할까, 방법을 찾기 위해 끝없이 노력했다.

학교 수업에 적응하지 못하는 아인슈타인을 위해 부모는 삼촌을 가정교사로 두고 수학을 가르치기 시작했다. 훌륭한 가정교사였던 삼촌의 영향으로 수학에 재미를 붙인 아인슈타인은 열다섯 살이 될 무렵에 독학으로 미분과 적분을 마스터할 수 있었다. 아인슈타인은 또한 부모가 자주 초대하던 유대인 의대생으로부터 자연과학을 배워나갔다.

학교 교과수업에 관심이 없던 아인슈타인을 위해 부모는 바이올린 선생님을 집으로 모셨다. 이후 아인슈타인은 음악을 통해 표현력과, 끈기를 배웠다. 아인슈타인은 바이올린 연주 솜씨가 뛰어나서 1935년 독일에서 망명한 과학자들을 위해 연주회를 열기도 했다. 그 스스로도 물리학자가 되지 않았다면 음악가가 되었을지도 모른다고 말할 정도로 실력이 뛰어났다.

제도권 교육에서 학습 지진아로 분류되던 아인슈타인은 부모의 특별한 배려와 교육 속에서 인류 역사상 가장 위대한 천재이자 과학자로 대성할 수 있었다.

빌 게이츠도 어린 시절 싫증을 잘 내는 인내력이 없는 아이였다. 어머니는 속상한 마음에 심리학자를 찾아가 조언을 구했다. 그러자 심리학자가 말했다.

"아이에게 억지로 강요하지 마세요. 하고 싶은 것을 하게 하세요."

이후 어머니는 아들에게 강요하거나 화를 내지 않았다. 억지로 무언가를 시키지도 않았다. 정말 놀랍게도 빌 게이츠가 달라지기 시작했다. 스스로 무언가를 해내기 시작했으며, 무언가에 몰두하는 모습이 나타났다.

이처럼 처음부터 끈기를 가지고 태어나는 아이는 드물다. 다만 그 아이를 어떻게 교육하고 훈련하느냐에 달려 있다.

빨리 성공하기보다
장기적으로 경쟁하라

캘빈 클라인

"캘빈, 나랑 같이 사업을 하자. 이 슈퍼마켓을 키워서 유통업으로 성공하는 거야."

세계적 패션 디자이너 캘빈 클라인(Calvin Klein). 슈퍼마켓을 운영 중이던 친구 베리 슈워츠는 어느 날 캘빈 클라인에게 함께 유통업을 하자고 제안한다.

캘빈 클라인은 베리 슈워츠와의 유통업을 긍정적으로 생각했다. 베리 슈워츠는 캘빈 클라인이 다섯 살 때 만난 절친한 친구로 오랫동안 우정을 유지해온 친구인 데다가 캘빈 클라인이 패션매장을 열 때 2,000달러를 빌려준 신용 있는 친구였기 때문이다. 캘빈 클라인은 1968년 '캘빈 클라인'이라는 회사를 설립하고 무난한 출발을 하고 있을 때였지만 유통업이 더 성공 가능성이 높다고 판단했다.

집으로 돌아간 캘빈 클라인은 부모와 이 문제를 상의한다.

"아버지, 어머니 베리가 같이 사업하재요. 제 사업보다 더 안전하고 전망도 좋을 것 같아서 생각 중이에요."

캘빈 클라인의 부모는 다음과 같이 말한다.

"캘빈, 우리 생각에는 현재 큰 성공을 거둔 것은 아니고, 자본도 넉넉하지 못하지만, 시간이 걸리더라도 패션 분야를 계속해보는 게 어떻겠니? 무슨 일이든지 빠른 시간 안에 결과가 나오는 것은 아니란다. 인내력을 갖고 계속 사업을 하면 반드시 성공할 수 있을 거야."

부모의 말에 캘빈 클라인은 많은 생각을 하게 된다. 당장 눈앞에 있는 편안하고 안정적인 길보다는 먼 길일지라도 자신에게 맞는 일을 끈기 있게 노력한다면 성공할 수 있으리라는 부모의 말은 캘빈 클라인이 계속 패션 사업을 하게 하는 원동력이 되었다. 뿐만 아니라 베리가 자기 일을 그만두고 캘빈의 회사로 들어와 훗날 사장까지 역임하는 등 둘은 우정과 사업 파트너로서의 관계를 오랫동안 유지하게 된다.

만약 캘빈 클라인의 부모가 당장의 안정성을 생각해서 아들이 유통업 쪽으로 가는 것을 찬성했다면 캘빈 클라인이 성공할 수 있었을까.

인내심으로 세계적 화장품 회사를 키우다

에스티 로더

"인내심, 그러니까 우리의 상상력을 브랜드로 개발시켜서 성공하기까지 끈기를 갖는다는 것은 무엇보다 큰 장점으로 들 수 있다."

조부모 에스티 로더(Estee Lauder)로부터 시작하여 3대째 가족이 경영을 하는 에스티 로더 화장품 회사. 스킨케어 중심의 순수 화장품 기준으로만 보면 에스티 로더는 세계 2위의 화장품 회사이다. 손자인 윌리엄 로더 회장은 3대째 기업을 경영하고 있는 자사의 강점으로 인내심과 끈기를 꼽는다.

보통 기업은 주, 월, 분기, 연 단위로 업무를 파악한다. 그러나 에스티 로더 그룹은 분기별이 아닌 세대에 걸쳐 생각한다. 이것은 기업 경영을 길게, 그리고 넓은 관점으로 본다는 것을 의미한다.

에스티 로더의 대표적 브랜드인 오리진스의 경우 미국에서 이 브랜드를 시작한 지 20년, 일본에서는 15년이 지난 시점인 2011년에야 중국에 론칭했다. 미국, 일본, 프랑스, 독일에 이어 세계 5대 화장품 시장인 중국에 경쟁사보다 늦게 진출한 데에는 서둘러 진출하여 단기간 매출을 올리기보다 늦게 진출하더라도 오랫동안 사랑받겠다는 에스티 로더의 기업 정신이 깔려 있다.

그 결과 경쟁사인 로레알은 에스티 로더보다 10여 년 앞서 중국에서 화장품을 판매하기 시작했지만 10년이나 뒤진 시점에 진출한 에스티 로더는 현재 로레알과 비슷한 중국 시장점유율을 유지하고 있다. 특이한 점은 로레알이 중국에서 중저가 제품을 주로 판매하고 있는 반면 에스티 로더는 고가 제품을 판매하고 있다는 점이다.

에스티 로더 화장품은 3대에 걸쳐 관통하는 인내력과 끈기의 정신으로 오늘날 세계적 화장품 회사로 우뚝 설 수 있었다.

세계 최고의 부자가 된 성공 요인, 끈기

존 데이비슨 록펠러

석유왕 록펠러가 세계 최고의 부자라는 수식어를 붙이는 데 이의를 다는 사람은 별로 없다.

그가 얼마나 부자인가를 살펴보면 〈뉴욕타임스〉에서 선정한 금세기 최고 갑부 중 1위를 차지하였는데, 그의 재산은 미국 최고 부자 중 한 사람인 빌 게이츠보다 3배나 많은 약 172조 원이다. 그가 설립한 석유 회사는 한때 세계 석유 시장의 90%를 차지할 정도였으며 미국 정부 전체 예산보다 그의 개인 재산이 더 많았을 정도였다.

록펠러가 큰 부자가 될 수 있었던 데에는 남다른 끈기 정신이 한몫을 했다.

록펠러는 젊은 시절 석유회사에서 자동용접기가 석유통 덮개를 용접하는 상태를 확인하는 일을 했다. 이 일은 매우 단순했지만, 학력이

낮았던 그는 다른 일자리를 구하기 어려워 불평불만 없이 묵묵히 이 일을 수행했다.

어느 날, 회사에서 원가 절감 캠페인이 시작되었다. 록펠러는 자신이 일하는 분야에서 원가 절감을 할 수 있는 일이 없을지를 곰곰이 생각했다. 당시 자동용접기는 용접제 서른아홉 방울로 용접이 가능했다.

'이 용접제를 서른여덟 방울이나 서른일곱 방울로 줄일 수 없을까? 이렇게 조금만 줄여도 1년에 5만 달러를 줄일 수 있을 텐데…….'

그는 용접제의 서른아홉 방울을 줄이는 방법을 연구하고 또 연구했다. 공장에 가서 밤을 새우며 실험을 거듭했지만 번번이 실험은 실패로 돌아갔다.

그러나 그는 포기하지 않았다. 결국 서른여덟 방울만 사용해도 되는 방법을 찾아냈고 원가절감에 성공하였다. 이로인해 회사는 5만 달러의 경비를 줄일 수 있었고 록펠러는 회사 내에서 인정을 받게 되고 이후 승승장구하게 된다.

성공을 위해 노력하는 사람은 많다. 차이가 있다면 끈기와 열정을 다해 오랫동안 노력했다는 것이다. 성공의 비결은 멀리 있는 것이 아니라 포기하지 않는 마음, 끈질긴 마음에서 시작된다고 할 수 있다.

'실패'가 아니라 '교육'이라 말하라

토머스 에디슨

프랑스 4위의 부자 가문으로 알려진 다소 그룹. 다소 그룹은 많은 기업이 흥망성쇠 하는 현대 사회에서 약 100여 년 동안 기업을 유지해 온 장수기업이다.

프랑스의 유대인 의사 집안에서 태어난 마르셀 다소는 프랑스를 침투한 나치군이 전투기 생산을 요구하자 이를 거부했다는 이유로 강제수용소에 보내졌다. 여기서 그는 교수형에 처할 위기에 처하지만 끝내 나치에 굴복하지 않았다.

다소 그룹의 창업주 마르셀 다소는 어려움을 극복하고 프랑스 4위의 굴지의 기업을 이끌며 장수해온 비결에 대해 "위대한 발명가이자 과학자인 유대인 에디슨의 삶에 영향을 받았다"고 회고한 바 있다.

'몬테소리 교육'으로 유명한 마리아 몬테소리 여사가 1912년 강연을 위해 미국을 처음 방문한다. 그리고 그녀의 교육관을 찬양하는 토머스 에디슨(Thomas Alva Edison)의 집에서 잠깐 머무르게 된다.

여사가 에디슨의 집을 방문했을 때 에디슨은 피아노를 치고 있었다. 이때 에디슨은 피아노를 이로 물고 있었다.

"에디슨 제가 왔어요. 그런데 왜 피아노를 이로 물고 있는 거죠?"

"저는 어렸을 때 병을 앓아서 청력의 80%를 잃었어요. 그래서 진동을 귀로 전달해주는 연주 소리를 듣기 위해서랍니다."

몬테소리는 청력을 거의 상실한 에디슨이 피아노를 치기 위한 집념에 감탄하며 눈물을 흘렸다.

20세기 최고의 발명가로 꼽히는 토머스 에디슨은 1847년부터 1931년까지 무려 1,093개의 특허를 받았다. 이를 계산해보면 성인이 된 후 10~12일마다 특허를 받은 셈이다.

그가 천재가 아니라 노력과 끈기의 대가라는 사실은 곳곳에서 나타난다. 에디슨은 하루 18시간씩 연구를 했다. 그리고 점심과 저녁은 모두 회사에서 해결했다. 그러한 까닭에 25세라는 젊은 나이에 이미 백발이 되었다.

위대한 발명가 에디슨은 한 마디로 끈기의 왕이었다. 에디슨이 얼마나 많은 실패를 하였는지 살펴보자.

그는 전구를 발명하기 위해 1,200번의 실패를 했다. 축전기를 만들기 위해 2만 번의 실패를 했다. 또한 전구에 들어있는 필라멘트를 만드는 데 1년 넘게 걸리며 무려 2,399번의 실패를 거듭했다. 이 실험으로 버린 쓰레기 더미가 건물 2층 높이에 이른다. 그는 전구 발명에 실패할 때마다 이렇게 말했다.

"나는 전구를 만들 수 없는 또 하나의 이유를 배웠다."

한 번은 연구소에 불이 나서 실험 기계를 잃게 되었는데, 그의 나이 67세 때의 일이다. 모든 것이 불타버리고만 연구소에서 그는 말했다.

"내가 저지른 실수들이 모두 사라졌다."

그로부터 3주 후 그는 축음기라는 인류사의 위대한 물건을 발명하게 된다.

에디슨은 실패에 대해 "그것을 실패라 부르지 말고 교육이라 하라"고 말했다. 또한 "뭔가를 포기했을 때가 사실은 성공의 문턱 바로 앞일 때가 많다. 실패란 바로 그런 것이다. 포기하지 마라"라고 말했다.

에디슨이 위대한 발명가이자 끈기의 왕이 될 수 있었던 것은 어머니 덕분이다.

거위 알을 품고 있던 에디슨에게 어머니는 "해보고 안 된다는 걸 깨닫게 되니 너는 훌륭한 일을 한 거란다"며 그를 격려해 주었다. 실패에 대한 어머니의 격려는 에디슨이 수많은 실패에도 불구하고 위대한 발명가가 되는 데 큰 영향을 주었다.

자녀들은 잘못을 하거나 실수를 저지르면 부모의 반응에 영향을 받는다.

"엄마가 뭐라고 그랬어? 하지 말라고 그랬지?"

"그렇게 덤벙대고 실수가 많아서 앞으로 뭐가 되겠니?"

이럴 경우 아이들은 매사에 자신감을 상실하게 된다. 그리고 또다시 실수를 저지르거나 좋지 못한 결과를 얻게 될까 봐 전전긍긍하며 심리적으로 불안감을 갖기 마련이다. 자녀가 실수하더라도 이를 격려하는 부모가 되도록 하자.

아이의 유전자에 끈기를 심어라

마크 주커버그

"강의실에 아이를 데리고 오시면 안 됩니다."

"제 아들이 이 강의를 들어야 합니다. 컴퓨터 공부에 관심이 많아서 그러니 강의를 들을 수 있도록 해주시면 감사하겠습니다."

페이스북의 공동 창업자 유대인 마크 주커버그(Mark Elliot Zuckerberg)의 아버지는 컴퓨터를 좋아하는 중학생 아들을 위해 집 근처 대학원에서 컴퓨터 강좌를 듣도록 했다. 그러나 강의를 들으러 갔을 때 대학원생이 아니라는 이유로 학교 측에서는 수강을 거부하고 나선 것이다. 아버지는 아들이 흥미로워하는 분야에 대한 소질과 재능을 키워주고 싶었기 때문에 아들이 대학원 강의를 들을 수 있기를 바랐다.

마크 주커버그의 아버지 에드워드 주커버그는 치과의사였다. 그는 가정과 사무실에 컴퓨터가 보급되기 전에 컴퓨터를 살 정도로 시대를 앞선 인물이었다.

　아버지는 컴퓨터나 관련 프로그램이 아직 낯설었던 당시, PC 뱅킹으로 송금을 시도했다. 그러나 PC 뱅킹이 익숙하지 않아서 송금은 쉽게 이뤄지지 않았다. 은행에 가면 금방 보낼 수 있는 돈을 컴퓨터로 오랜 시간 동안 쩔쩔매는 아버지를 보고 아들이 의아하게 생각했다. 그러자 아버지는 "이제부터 세계는 컴퓨터 안에 있단다"라며 장차 다가올 IT 세상을 예견하며 끈질기게 컴퓨터라는 새로운 물건을 파고들었다.

　어린 아들에게 아버지의 행동은 깊이 각인되었다. 아버지는 앞으로의 세상을 예견하고 시간이 날 때마다 컴퓨터 프로그래밍을 가르쳐주었다. 아들이 관심을 보이자 11세 때에 아버지는 개인용 컴퓨터를 선물하면서 소프트웨어 전문 개발자를 과외교사를 모셔올 정도로 아들의 재능을 키워주었다.

　마크 주커버그의 아버지는 자녀교육에 대해 "자녀를 특정 방향으로 이끌기보다는 아이의 강점과 좋아하는 것을 먼저 파악해 도움을 주는 게 최선"이라고 말한 바 있다.

　페이스북의 창업자, 마크 주커버그에게는 그의 특별한 재능을 발견해주고 키워준 아버지가 있었다. 마크 주커버그의 아버지처럼 유대인 아버지는 학교 교육과는 별도로 자녀에게 율법과 역사를 가르치며 취미생활을 함께 공유한다. 아버지로서 자녀 교육에 최선을 다하는 것이다.

아버지의 독서 습관을 보여줘라

칼 마르크스

영국의 국영 방송사가 위대한 철학자 10명을 뽑는 조사를 했는데 공산주의의 아버지 칼 마르크스(Karl Heinrich Marx)가 1위로 선정돼 전 영국이 시끌벅적했다. 우리에게는 공산주의의 창시자라고 알려져 있지만, 학문적으로 보면 그는 사회학자이자 철학자이다.

마르크스는 1818년 5월 5일, 독일 트리어의 유대인 집안에서 태어났다. 랍비 출신 집안에서 태어난 아버지는 변호사로 자유사상을 지닌 계몽주의파 인물이었고, 당시로써는 보기 드물게 진보적인 사상을 갖춘 사람이었다.

마르크스의 아버지 하인리히는 특히 자녀들의 정신적 성장에 신경을 많이 썼다. 일찍이 마르크스의 재능을 발견한 아버지는 마르크스가 세계적인 학자가 될 수 있다고 생각하여 그에게 남다른 애정과 교육열을 보였다.

1835년 마르크스가 법학을 공부하기 위해 본대학에 입학하자, 아버지는 유명한 법학 교수들이 많은 베를린대로 옮기라고 권유했다. 아버지는 아들의 미래를 위해서 보다 높은 식견을 가진 사람들을 만나야 한다고 생각하였고, 그러한 판단은 결국 마르크스에게 어두운 길을 밝혀주는 빛이 되었다. 마르크스는 베를린대에서 법률, 역사, 철학을 공부하게 되었고 세계사에 큰 영향을 미친 공산주의 사상의 토대를 마련했다.

마르크스는 아버지에 대한 존경심이 대단했다. 그는 늘 아버지에 대해 "법률적 재능뿐 아니라 청렴한 성품도 출중하신 분이다"라고 말하며 존경심을 나타냈다. 또한 언제 어디서나 아버지의 사진을 품고 다닐 정도로 아버지를 사랑한 아들이기도 했다. 혁명가이며 뛰어난 경제학자였던 마르크스의 역사적인 업적들은 합리적이고 진보적인 사상을 가졌던 아버지의 영향으로 빛을 보게 되었다고 해도 지나치지 않다.

"책이란 단지 읽기만 하는 것이 아니라 그것을 통해 배움을 얻는 것이란다. 책을 얼마나 많이 읽었느냐는 중요하지 않아. 그 책을 통해 얼마나 많이 배웠는지가 중요하단다."

아버지의 진보적인 사상들에 영향을 받은 그는 수많은 책을 섭렵하게 된다. 그리고 "너 자신과 가족의 행복을 위해, 그리고 인류의 복지를 위해 살아야 한다"라는 아버지의 편지를 받고서 자신이 나아갈 길을 깨닫게 된다. 마르크스는 아버지의 말처럼 자신의 일생을 인류의 복지와 행복을 위해서 바치겠다고 결심하고 평생을 그렇게 살고자 노력했다.

행운도 끈기가 있어야 잡는다

아리 워셜

 1940년대 무렵 이스라엘의 시골 마을에 위치한 집단 농장 키부츠에 한 남자아이가 태어났다. 작은 시골 마을이라 교육적 환경이 열악했던 이곳에서 자라난 아이는 성장하여 미국 남캘리포니아대 교수가 되었으며 2013년 노벨 화학상 공동 수상자로 선정됐다. 그의 이름은 아리 워셜(Arieh Warshel).

 현재 대부분의 제약회사가 그가 연구한 효소촉매화 반응을 활용하여 신약을 개발하고 있다. 이 연구는 단백질과 같은 화학반응을 예측할 수 있도록 한 연구이다.

 아이러니한 것은 그는 노벨상도 몰랐고 과학자가 무엇인지 잘 모르는 어린 시절을 보냈다는 사실이다. 다만 자신이 연구하는 새로운 학문에 대한 확신을 가지려고 노력했으며 최고가 되기 위해 끈기 있게 노력했다고 한다.

얼마 전 우리나라를 방문한 그에게 기자가 노벨상 수상 비결을 물었다.

"과학자는 끝까지 연구에 매달리는 근성이 필요합니다."

노벨상이 뭔지도 모를 정도로 노벨상에는 문외한이었지만 끈기가 오늘날에 이르게 했다고 비결을 꼽았다.

아리 워셜 교수는 자신의 연구 방법이 독특해서 다른 과학자들로부터 연구가 잘못되었다는 지적도 많이 받았다고 하면서 이러한 난관을 극복하기 위해서는 끈기가 중요하다고 설명했다. 다른 분야와 마찬가지로 과학 분야도 경쟁이 치열하다면서 자신이 하려는 분야에서 근성과 끈기가 있어야 살아남을 수 있음을 강조했다.

20여 년 동안 노벨상 후보로 여러 차례 거론되어 우리나라 사람 중 노벨상을 받을 가장 강력한 후보로 꼽히는 UC버클리대 김성호 교수. 그는 세포 내에서 단백질을 구성하는 아미노산을 운반하는 생체물질(tRNA)의 3차원 구조를 처음으로 확인한 인물이다.

그런데 김성호 교수가 이러한 위대한 지평을 열게 된 것이 특이하다. 계속해서 연구가 풀리지 않던 그는 우연히 다른 분야의 책을 읽다가 힌트를 얻어 질 좋은 tRNA를 만드는 데 성공했다.

김 교수는 "운은 모든 사람에게 일정량이 오는데 집념이 없는 사람은 운이 그냥 지나쳐 가고, 집념이 있는 사람은 운을 잡을 수 있다"고 말함으로써 아리 워셜 교수와 마찬가지로 집념과 끈기의 중요성을 강조했다.

찰리 채플린

매들린 올브라이트

블라디미르 레닌

바버라 월터스

마이클 블룸버그

피터 드러커

마르셀 프루스트

래리 킹

아르투르 루빈스타인

실패 학습 · 7장

실패와 극복이 아이를 크게 키운다

성공의 씨앗은 실패라는 흙으로 덮여 있다

　세계적 기업 GE의 최고경영자이자 20년간 그 자리를 지켰던 잭 웰치는 고등학교 시절, 라이벌 고등학교와의 아이스하키 경기에서 지고 만다. 잭 웰치는 아이스하키팀 주장이었고 이 경기는 6연패 후 붙은 7번째 경기였기 때문에 잭 웰치는 매우 속상했다. 그는 아이스하키 스틱을 내던지고 화를 내며 라커룸으로 들어갔다.

　이 모습을 본 어머니는 "너는 운동할 자격이 없구나. 지는 법을 알아야 이길 줄도 아는 법이란다"라고 말해주었다. 잭 웰치는 비즈니스라는 세계에서 여러 번 실패할 때마다 어머니의 말을 되새기며 다시 일어섰으며 세계적으로 인정받는 기업가가 될 수 있었다.

　우리나라 사람들은 달콤하고 화려한 성공에는 주목을 하지만 성공의 밑거름이 되는 실패에는 관심이 없는 편이다. 이것은 쉽게 성공하고 싶은 마음과 실패에 대한 잘못된 인식에서 비롯된다고 할 수 있다.

흔히 실패란 부정적인 실수이거나 무능력한 사람이 저지른 성공하지 못한 상태라고 여긴다. 그러나 실패는 일시적인 결과일 뿐이며 성공에 이르는 과정이자 원동력이라고 할 수 있다.

실패 속에 성공의 비결이 숨겨져 있다는 사실을 주목해야 한다. 성공한 사람들은 일찍이 실패를 학습하고, 경험함으로써, 이를 밑거름으로 하여 다시 시작하거나 대성공을 거두었다.

목표 지향적이고 위험에 대한 도전을 두려워하지 않는 유대인은 자연스럽게 실패에 노출될 가능성도 높은 편이다. 그렇지만 그들은 실패를 두려워하지 않고 이를 잘 경험함으로써 실패를 성공의 요소로 바꾼다.

그러기에 유대인은 상당히 낙천적인 성향을 지닌 민족이다. 그들은 어떠한 어려움에 처하더라도 쉽사리 비관적인 생각에 빠져들거나 절망하는 일이 드물다.

유대인은 실패를 경험할 뿐만 아니라 실패를 지배한다. 그래서 좌절감 속에서 쓰러지기보다는 실패의 원인을 찾고, 분석하고, 이를 공유한다.

후츠파 정신인 '실패 학습'. 여기서 실패에 대한 경험은 어려움이나 역경 극복과 동일한 의미로 볼 수 있다.

실패 학습은 그들이 나라 없이 떠도는 생존 환경을 극복하고 미국, 이스라엘 등지에서 역량을 발휘하여 세계를 이끄는 원동력이 되었다.

인생은 멀리서 보면
희극이다

찰리 채플린

헐렁한 양복바지와 지팡이, 그리고 콧수염과 모자. 무성영화 시대의 희극배우이자, 영화감독, 제작자인 찰리 채플린(Charles Spencer Chaplin). 조지 버나드 쇼는 유대인 찰리 채플린에 대해 '영화 산업에서 나온 유일한 천재'라고 평했다.

찰리 채플린은 다섯 살 때 아버지가 돌아가시고 어머니, 형과 함께 가난한 가정에서 생활했으나 웃음과 유머로 자신을 지켜냈다. 이렇게 자신을 지켜낼 수 있었던 데에는 가난한 삶 속에서도 희망을 잃지 않았던 어머니의 힘이 컸다.

배우였던 아버지의 술주정과 폭력 탓에 어머니와 아버지는 채플린이 태어난 지 1년 무렵 이혼한다. 이혼 당시 어머니는 어느 정도 명성을 유지하는 연기자로 수입도 그럭저럭 괜찮았다. 하지만 이후 목소리 상태가 안 좋아지면서 무대에 설 기회도 점점 줄어들었다. 채플린 가족은 극심한 가난에 시달려야 했다.

어머니가 생계를 위해 오른 무대의 관객들은 주로 군인들이었다. 그들은 성격이 난폭해서 조용히 공연을 관람하지 못하고 무대를 향해 조롱하기 일쑤였다. 모든 연기자가 이 무대에 서기를 두려워했는데 생계를 위해 어쩔 수 없이 서야 했던 채플린의 어머니는 결혼한 여자인데다가 목소리마저 갈라져서 그들이 야유하기 좋은 대상이었다. 그러나 어머니는 이러한 무대에 올라서도 의연하게 노래를 불렀다. 그 모습을 어린 채플린은 지켜보며 자랐다.

겨울이 되자 채플린의 형이 입을 옷이 없었다. 어머니는 자신의 재킷으로 형의 옷을 만들어주었지만 그 옷은 초라할 수밖에 없었다. 옷을 보고 형이 속상해서 울자 어머니는 "학교에서 다른 아이들이 놀릴까 봐 우는 거니? 울지 마. 다른 사람이 뭐라고 하는 게 무슨 상관이니? 너는 남과 다른 개성 있는 옷을 입었잖니?"라며 아들에게 용기를 주었다.

이혼과 가난, 생계에 대한 부담으로 힘든 하루하루를 보냈지만 어머니는 자녀들에게 의연한 모습을 보이고자 노력했다. 이러한 모습은 찰리 채플린이 세상에 대한 원망의 감정을 갖지 않도록 하였으며 비극을 넘어서 희극 배우가 되는 데 밑거름이 될 수 있었다.

유대인은 자녀에게 "웃음은 지혜의 선물이다"는 말을 자주 해준다. 찰리 채플린은 "인생은 가까이에서 보면 비극이지만 멀리에서 보면 희극이다"라는 명언을 남기며 많은 사람에게 웃음과 감동을 선물하는 위대한 배우이자 감독으로 남았다.

역경을 극복하는 것이 삶이다

매들린 올브라이트

세계 최강국 미국에서 여성 최초로 국무장관에 올랐던 매들린 올브라이트(Madeleine Albright). 그녀는 역경을 극복한 대표적 유대인 여성이다.

그녀의 아버지는 조국인 체코슬로바키아에서 두 번이나 난민 경험을 한다. 1938년 나치가 체코슬로바키아를 침공하자 아버지는 피신할 수밖에 없었고 1948년 공산당이 집권하자 또 한 번 추방당한다. 갑자기 닥친 정치적 소용돌이 속에서 외교관이던 아버지는 딸에게 어려움을 피하지 않고 정면으로 맞설 것을 가르친다.

조국을 떠난 올브라이트의 가족은 파리, 런던 등을 전전하다가 미국에서 정착한다. 이때 그녀의 나이 겨우 열한 살이었다. 그녀는 성장하여 신문 재벌 상속자인 조지프 메딜 패터슨이라는 남자와 결혼하여 행복한 나날을 보낸다. 그녀는 강인한 인상과는 달리 가정에 매우 충실했는데 세 딸을 양육하며 집안 살림을 해나갔다. 그리고 매일 새벽 일찍 일어나 공부를 해 국제정치학 박사 학위를 받는다.

국가안전보장회의 직원이 되어 직장에 출근한 것도 잠시, 카터 대통령의 재선으로 실직자가 된다. 그리고 남편은 젊은 여자를 사랑하게 되었다며 이혼을 통보한다. 그녀의 나이 45세 무렵이었다.

갑작스러운 시련에 그녀는 고통스러운 나날을 보낸다. 가정에 충실하기 위해 박사 학위를 따는 데 남들보다 오랜 시간인 13년이 걸리는 등 모든 삶의 초점을 가정에 두었지만, 돌아온 것은 배신이었다.

그러나 그녀는 고통 속에 살지만은 않았다. 혼자 식당에 가고 오페라 공연에도 가며 알맹이 없는 속 빈 강정 같은 결혼생활에 대해 돌이켜보기 시작했다. 그리고 다시 정진하여 대학교수의 자리에 오르게 되고 1997년 미국 국무장관까지 오르게 된다.

그녀는 자서전에서 "나는 실패했으므로 젊은 여성들에게 아무런 충고도 해줄 수 없다고 느꼈다"라고 말한 바 있다. 그러나 세 자녀와 직업이 있다는 사실만으로도 성공적 삶을 살았다는 사실을 깨닫게 되고는 삶을 성공과 실패라는 이분법적 논리가 아닌 실패를 극복하는 삶에 초점을 맞추게 되었다.

영국의 억만장자 골드 스미스는 "우리의 최대 영광은 한 번도 실패하지 않은 것이 아니라 쓰러질 때마다 일어나는 데 있다"고 했다. 유대인으로, 미국인이 아닌 체코슬로바키아인으로, 이혼녀로 살았던 그녀는 역경을 극복하고 전 세계의 안보를 좌우하는 세계적 정치인이 되었다. 그녀가 자신의 시련 많은 인생에 좌절했다면 미국 최초의 여성 국무장관이 될 수 없었을 것이다.

아이 스스로 깨달을
시간을 줘라

블라디미르 레닌

　러시아의 혁명가이자 정치가인 블라디미르 레닌(Vladimir Lenin). 최근 레닌 가족의 편지가 공개됨으로써 레닌이 유대인이라는 사실이 밝혀졌다. 이 편지는 레닌 가족이 스탈린에게 보낸 것이었는데 "레닌의 외할아버지가 유대인이었고 레닌도 유대인을 대단하게 생각했다"고 적혀 있다.

　어린 레닌이 친척 집을 방문했을 때의 일이다. 친척 아이들과 함께 놀던 레닌이 고모가 아끼던 꽃병을 실수로 깨뜨리고 만다. 마침 보는 사람이 없었기에 레닌은 아무에게도 알리지 않았다. 잠시 후 고모가 이를 발견하고 누가 꽃병을 깼는지를 물었다. 아이들은 모두 자기가 깨지 않았다고 말한다. 레닌은 불안한 마음을 억누르며 "저……도 꽃병을 깨지 않았어요"라고 대답한다.

　어머니는 아들의 불안한 언행을 통해 직감적으로 아들이 꽃병을 깼다는 것을 눈치챘다. 그러나 그 자리에서 아들을 추궁하지 않았다. 정확한 증거가 있지도 않을 뿐만 아니라 아들 스스로 잘못을 뉘우치게 하려는 마음에서였다.

몇 달이 지났을 무렵 잠자리에 들던 레닌이 어머니에게 말한다.
"엄마, 고모네 집에서 꽃병 깬 것 기억나세요?"
"응, 그래."
"제가……꽃병을 깨뜨렸어요. 용서해주세요. 그때는 무서워서 말을 할 수가 없었어요."
"네가 용기를 내어 말을 해주니 대견하구나. 엄마는 네가 스스로 말해주길 바랐단다. 이번 일은 엄마가 고모에게 잘 말해보마. 대신 앞으로는 어떤 일이 있어도 정직하고 용감해야 한다."
"네, 다시는 거짓말하지 않겠어요."

어머니가 가르쳐준 정직함은 레닌에게 많은 깨달음을 주었다. 1886년 아버지가 죽고 난 후 어머니는 혼자서 자녀들을 키우며 자녀들이 훌륭한 인간으로 성장하는 데 주력한 슬기로운 여성이었다. 현명한 어머니는 아이의 잘못된 행동을 야단치기보다는 솔직한 용기를 불러일으키는 반전의 기회를 만들 수 있었다.

아이들은 도덕성이 미성숙하여 잘한 일과 잘못한 일에 대한 구분이 없다. 단지 자신을 방어하기 위한 수단으로, 혹은 자신의 욕구를 충족하기 위한 수단으로 거짓말을 하는 경우가 많다. 이럴 때일수록 부모는 아이의 마음을 이해하려는 자세가 필요하다.

자녀가 잘못했을 때 꾸짖는 것도 필요하지만 왜 그러한 행동이 잘못되었는지를 알려주고, 아이 스스로 무엇이 잘못되었는지, 왜 부모에게 꾸중을 듣는지 이유를 알게 하는 것이 바람직하다.

실패를 나만의
자산으로 만들어라

바버라 월터스

　20세기 최고의 여성 앵커로 꼽히는 바버라 월터스(Barbara Walters)는 70대에도 현역 앵커로 활동하며 연봉 1,200달러(약 130억 원)를 받는 기록을 세웠다. 그녀는 아버지가 실패한 텔레비전 방송을 성공의 밑거름으로 삼으며 승승장구하였다.

　바버라 월터스의 아버지는 브로드웨이의 쇼 기획자로 부와 명성을 거머쥔 인물이었다. 아버지는 가정부와 요리사를 둔 저택에서 캐딜락 두 대를 비롯하여 모두 네 대의 고급 승용차를 가지고 있을 정도였다. 하지만 텔레비전이 대중화되면서 브로드웨이 쇼를 찾는 관객들의 발길이 끊어지게 되고 급속도로 쇠락하기 시작한다.

　아버지는 바버라 월터스가 태어날 무렵 모은 재산을 날렸다. 아버지 개인의 문제라기보다 1929년 주식 대폭락으로 인한 영향도 적지 않았다. 그녀가 여섯 살 무렵 아버지는 재기에 성공하여 작은 성공을 거두었지만 대공황의 여파로 다시 사업은 실패로 돌아간다.

 아버지의 쇼단은 무일푼으로 길거리에 내몰렸다. 스무 명 정도 되는 연예인과 연주단을 이끌고 미국 동부 지역을 차 네 대를 타고 다니며 공연을 했지만 수입은 초라하기 그지없었다. 그러나 아버지는 희망을 버리지 않았다. 공연 때문에 아버지는 자주 집에 들를 수는 없었지만, 집에 돌아올 때는 딸을 위해 예쁜 옷들을 사다주며 못다 한 부녀의 사랑을 나누었다.

 대공황과 주식 폭락이라는 경제공황 속에서도 좌절하지 않고 사업을 해나가는 아버지를 보면서 바버러는 강인한 정신을 배웠다. 그리고 가난한 삶을 원망하기보다는 실패 극복의 정신을 인생의 밑거름으로 삼았다. 그것은 여러 번의 실패에도 불구하고 끊임없이 일어나 사업을 시도했던 아버지로부터 배운 강인한 정신이 있었기에 가능했다.

 바버라 월터스는 어린 시절 에어컨이 없었던 가난한 집에서 생활한 덕분에 사막 지역에서 인터뷰어와 몇 시간씩 인터뷰를 해도 힘들지 않았으며, 집에 화장실이 하나밖에 없었기 때문에 몇 시간씩 화장실을 갈 수 없는 생방송을 하는 데 도움이 되었다고 고백하고 있다.

 평범한 학창 시절을 보낸 바버라 월터스가 오늘날 가장 인기 있는 여성 앵커가 될 수 있었던 비결에는 실패를 자산으로 삼은 데에 있다. 바버라 월터스는 "실패에서 네가 뭔가 배운다면, 결국 성공으로 이어질 수 있음을 잊지 마라"며 말했다. 이처럼 성공을 하기 위해서 실패를 자산으로 삼는 사람들이 바로 유대인이다.

 미국의 전설적인 야구선수 베이브 루스가 홈런왕인 동시에 삼진왕이기도 한 것은 잘 알려졌다. 베이브 루스는 메이저리그 역사상 가장 홈런을 많이 친 선수이지만 삼진 횟수가 홈런 개수보다 더 많았다. 연평균 삼진 수는 홈런의 두 배였다. 그는 현역 시절 열두 번 홈런왕에 올랐지만, 동시에 다섯 번의 삼진왕도 차지했을 정도다.

홈런보다 삼진을 두 배나 더 많이 당했던 베이브 루스가 메이저리그의 전설적인 홈런왕이 된 데에는 실패를 실패로 받아들이지 않고, 이를 지배하였기 때문이다.

실패가 성공의
구름판이 된다

마이클 블룸버그

"만일 온종일 스키를 타면서 한 번도 넘어지지 않았다고 말하는 사람이 있다면 나는 그에게 다른 스키장에 도전해보라고 말한다."

이 말은 미국 뉴욕의 전 시장인 마이클 블룸버그(Michael Bloomberg)가 한 말이다. 블룸버그는 만성적으로 재정 적자에 시달리던 뉴욕의 재정을 해소하고 강도 높은 개혁을 시도하여 미국 대통령 후보에까지 올랐던 인물이다.

그는 젊은 시절 회사에 다닐 때 "성공을 하기 위해 화장실 가는 것도 참았다"라고 스스로 말할 정도로 회사생활을 열심히 했다. 그러나 회사 내 파벌 싸움에 휘말려 갑자기 해고 통보를 받고 만다. 하루 12시간씩, 일주일에 6일 동안 일한 15년 직장생활이 일방적 통보로 끝이 나고 만다. 그의 나이 서른아홉 살 때의 일이었다.

그러나 그는 좌절하지 않았다. 오히려 해고 통보를 좋은 기회라고 생각하고 회사를 창업하기로 한다. 투자자에게 필요한 금융 정보를 담은 단말기를 개발해 사업에 성공하여 세계 13위의 부자가 된다. 한 신문기사에서는 블룸버그에 대해 '해고 통보를 세계적 대부호의 발판으로 삼았다'고 분석하기도 했다.

막대한 부를 이룬 그에게 더 이상 추구할 도전이 없을 것만 같았다. 그러나 그는 거기서 안주하지 않았다. 새로운 영역인 행정가로의 도전을 시도한다. 미국 뉴욕 시장에 도전하기로 한 것.

그러나 뉴욕 시장으로의 도전도 쉽지만은 않았다. 등록 유권자의 68%가 민주 낭원이었기에 공화당 시장 후보인 그에게는 불리한 여건이었다. 게다가 선거 후반에 뛰어든 관계로 다른 후보들보다 준비도 부족했다. 모든 어려움을 딛고 그는 2001년 뉴욕 시장에 당선되고 이후 3선으로 연임하게 된다.

그의 취임 시점은 9·11 테러가 일어난 지 불과 3개월이 흐른 뒤였다. 시장에 취임하자마자 혼란스러운 뉴욕 시를 진두지휘하고 충격에 빠진 시민들을 격려하여 많은 지지를 받았다. 그의 뛰어난 위기관리 리더십은 세 차례 연임에 성공하는 요인이 되었다.

이러한 그의 강인한 정신에는 부모의 영향이 있었다. 그는 자서전에서 "어려서부터 부모님으로부터 열심히 일하는 정신과 한 번 목표를 정하면 실패하더라도 낙담하지 않고 돌진하는 정신을 배웠다"며 이러한 성품이 성장 과정뿐만 아니라 사업을 할 때에도 내내 버팀목이 되어 주었다고 고백하고 있다.

고고 시절 동양인으로는 드물게 학생회장에 당선, 명문 하버드대를 졸업한 수재로 알려진 홍정욱 전 국회의원은 그가 하버드대를 졸업하고, 오늘날이 있기까지 자신의 시도를 격려해준 부모가 있었기에 가능했다고 밝혔다.

   홍정욱은 중학교 시절 갑자기 미국 유학을 결심한다. 아들의 결정에 부모인 남궁원 부부는 순순히 따라주었다. 남궁원 부부가 어린 자녀를 미국에 보내는 것이 왜 걱정되지 않았겠는가. 혹시 이 유학이 실패하면 어쩌나, 아이가 잘못된 길로 빠지면 어쩌나 생각이 있었을 것이다. 그러나 그들은 자녀의 결정을 지원하였다. 뿐만 아니라 자녀의 시도가 실패할 경우까지 대비하였다.

   홍정욱은 부모에 대해 "자녀의 도전을 격려하고, 그 도전이 실패로 끝날 경우까지도 미리 대비하고 지원할 준비를 한 훌륭한 부모였다"고 말한다.

유머는 실패를
극복하는 힘이 된다

피터 드러커

    피터 드러커(Peter Ferdinand Drucker) 자서전에 의하면 "피터 드러커를 다방면에 박식한 르네상스 지식으로 키운 사람은 할머니라고 해도 과언이 아니다"라고 분석하고 있다.

    할머니는 할아버지가 일찍 세상을 떠난 후 40대부터 미망인으로 살았다. 이후 오랜 시간 동안 병마와 가난에 시달렸지만 할머니는 유대인 특유의 유쾌함을 잃지 않았다.

    남편이 사망한 후 할머니는 엄청난 재산을 물려받았지만 오스트리아의 인플레이션으로 인해 휴짓조각이 되어 하루아침에 가난을 경험하고 만다. 중년의 미망인 여자에게는 더욱 막막한 생활이었다.

    생전에 피터 드러커의 할아버지는 여자를 좋아하는 바람둥이였다. 열일곱 살 무렵, 피터 드러커가 할머니에게 물었다.

    "할머니, 할아버지가 바람을 피워도 화가 나지 않았나요?"

그러자 할머니는 빙그레 웃으며 말했다.

"당연히 화가 났지. 하지만 내가 결혼 후 여자를 만나지 않는 남자를 만나려고 했다면 결혼 자체를 할 수 없었을 게다. 그런 남자가 어디에 있는지 몰랐거든."

할머니는 집을 치과의사에게 임대를 주었는데, 할머니와 치과의사는 임대 문제로 몇 년을 싸웠고 결국 소송까지 가는 큰 싸움을 벌였다. 아이러니한 것은 할머니는 그러한 싸움의 과정에서도 그 치과의사에게 가서 치아 진료를 받았다.

그러한 할머니를 이상했게 여긴 피터 드러커가 할머니에게 물었다.

"왜 그 치과의사에게 가서 치료를 받으시나요? 다른 치과의사들도 많은데?"

"나는 평범하고 멍청한 여자에 불과하지만 그가 유능한 의사라는 걸 안단다."

"그 의사가 유능하다는 걸 어떻게 알죠?"

"그 사람이 유능하지 않다면 우리 집을 두 개 층이나 임대할 수 없겠지? 또 멀리 갈 필요도 없고 가까이서 진료를 받을 수 있잖니? 가장 중요한 것은 내 치아는 임대계약에 포함된 게 아니니까 서로의 싸움과는 별개의 문제란다."

할머니는 이렇게 명쾌하게 정리했다.

유쾌한 할머니에 대한 소문은 온 동네에 자자했고, 친구들은 피터 드러커에게 늘 "오늘은 새로운 할머니 이야기 있니? 그 재미있는 이야기를 들려줘"라고 졸라대곤 했다.

유대인은 A.D 70년에 나라를 빼앗긴 후 1948년 이스라엘을 건국함으로써 나라를 되찾았다. 오랜 세월 동안 나라 없이 떠돌아다니며 박해를 받았지만 그 속에서 유머를 잃지 않았다. 그들은 고난 속에서도 항상 여유를 가졌다.

유대인은 후손들에게 웃음과 유머가 가진 힘을 자연스럽게 가르친다. 히브리어에서는 '지혜'와 '농담'을 똑같이 '호프마'라고 부른다. 수준 높은 유머가 지성에서 나온다는 의미로 현명한 사람일수록 유머와 여유를 가진다는 것을 의미한다.

어머니의 사랑으로
극복한 실패

마르셀 프루스트

　마르셀 프루스트(Valentin Louis Georges Eugene Marcel Proust)는 1871년 파리 근교 마을에서 파리의과대학 교수인 아버지와 유대인 증권업자의 딸인 어머니 사이에서 태어났다. 유복한 가정에서 태어나 행복한 어린 시절을 보낼 수 있었으나 아홉 살 때 천식이 발병하여 평생을 어머니의 도움 없이는 아무것도 할 수 없는 불행한 아이가 되었다.

　그는 오랜 시간을 투자하여 『잃어버린 시간을 찾아서』를 집필한다. 프로이트 이후 새롭게 무의식의 세계에 대해 탐구한 이 책은 번역본으로 무려 11권에 달하는 방대한 분량이다.

　『잃어버린 시간을 찾아서』의 제1권은 1911년경에 완성을 보았으나 출판사를 구하지 못했다. 집필 후 여러 출판사를 찾아다니며 발간을 의뢰하지만 "이 원고를 이해할 수가 없습니다"는 답변과 함께 번번이 거절당하기 일쑤였다. 앙드레 지드는 그를 사교계나 기웃거리는 이상한 작가라고 비하했다.

'나의 원고를 발행해줄 출판사가 없단 말인가.'

출판사로부터 거절을 당할 때마다 번번이 괴로웠지만 프루스트는 좌절하지 않았다. 결국 1913년 자신의 돈으로 책을 만들어 펴내기로 한다.

이 작품은 오늘날 문학사에 길이 남을 작품이 되었다. 『잃어버린 시간을 찾아서』는 우리가 시간을 잃어버리고 살고 있으며 삶을 낭비하지 말고 하루하루 감사하며 순간순간 모두를 사랑하라고 전하고 있다. 많은 출판사로부터 거절당하는 경험을 했지만 프루스트는 이러한 삶조차도 낭비해서는 안 되며 매일 감사하며 살아야 한다는 교훈을 우리에게 들려주고 있다.

프루스트가 많은 출판사의 거절에도 좌절하지 않고 극복할 수 있었던 데에는 어머니의 끊임없는 격려와 무한한 사랑이 있었기에 가능했다. 부유한 집안에서 태어난 프루스트는 성장기에는 파리 사교계를 드나들며 낮에는 방탕한 생활을 하고 밤에는 독서와 글 쓰는 일을 했다. 그런 아들을 어머니는 나무라기보다 끝없는 사랑으로 보살폈다.

"나는 평생을 아팠지만, 어머니를 빼곤 대부분 내 말에 귀 기울이지 않았다"라고 말함으로써 그의 삶과 문학에서 어머니의 깊은 영향을 말하고 있다. 인기 작가 알랭 드 보통은 『프루스트를 좋아하세요』라는 책에서 특별한 능력 없이 돈만 낭비하던 프루스트가 어머니의 사랑에 의해 어떻게 위대한 작가로 변신할 수 있었는지를 집중 조명하고 있다.

올바른 삶의 자세를 가르쳐라

래리 킹

유대인 래리 킹(Larry King)은 뉴욕의 빈민가에서 어린 시절을 보냈다. 아홉 살 때 아버지가 세상을 떠난 후 지독한 가난에 시달리게 된다. 눈이 나빠 안경을 써야 했던 그는 안경조차도 정부 구호금을 타서 사야 할 정도로 가난한 생활보장 대상자였다. 한 달에 34달러였던 월세를 내지 못하는 생활이 계속될 정도였다.

어머니는 생계를 위해 삯바느질을 하며 자녀들이 부족함을 느끼지 않고 꿈을 키워나갈 수 있도록 배려했다. 어머니는 식사를 되도록 풍성하게 차렸다. 감자로 만든 유대인 전통 음식인 랏세, 유대인의 전통 빵인 감자 쿠겔 등 맛있는 음식을 차려서 자녀들이 먹도록 했다.

"애들아, 저녁 식사를 하자."

"네, 엄마."

"먼저 신께 감사의 기도를 올리고 음식을 맛있게 먹어야 한다."

"하지만 오늘은 입맛이 없는 걸요. 조금만 먹으면 안 되나요?"

"음식은 소극적으로 먹어서는 안 된단다. 네가 맛있게 먹어준다면 엄마는 행복할 거야."

유대인은 식사하는 것을 종교적인 행위로 생각한다. 그래서 유대인 부모는 어린아이들도 식사 예절만큼은 확실히 가르친다. 이러한 유대인 전통에 따라 래리 킹의 어머니 또한 자녀에게 식사 예절을 엄하게 가르쳤다.

래리 킹은 방송국에서 일하고 싶은 꿈을 키워나가고 있었다. 그러나 갑작스러운 아버지의 죽음으로 공부에 흥미를 잃은 그는 학교 성적이 점점 떨어졌다. 어머니가 교장 선생님에게 사정사정해서 겨우 고등학교 졸업장을 받을 수 있었다. 친구들이 대학에 진학할 무렵 래리 킹은 취업을 한다. 이후 택배회사 배달부 등 다양한 직업을 전전한다.

미국에서도 아나운서는 대졸 이상의 학력이 많다. 고등학교 졸업장도 겨우 받았던 래리 킹이 미국의 대표적 아나운서로 성장할 수 있었던 데에는 어머니의 힘이 컸다. 훗날 래리 킹은 자서전에서 "어머니는 나와 내 동생에게 자신의 삶을 온전히 바쳤다"라고 표현할 정도로 어머니는 자녀들에게 헌신했으며 올바른 삶의 자세를 가르쳐주고자 노력했던 위대한 어머니였다.

천재라도 실패를 통해 배운다

아르투르 루빈스타인

20세기 최고의 피아니스트로 추앙받는 유대계 폴란드인 피아니스트, 아르투르 루빈스타인(Artur Rubinstein)은 쇼팽의 조국인 폴란드에서 1887년 1월 28일에 태어났다.

4세 때 공개적인 연주를 할 정도로 천재성이 있었으나 17세 때 집안이 어려워져 음악 공부를 포기하고 만다. 베를린 등지로 떠돌이 생활을 하였는데, 음악은 물론 다른 어떤 것도 할 수 없는 처지가 되고 말았다. 이후 미국에 진출하지만 평단으로부터 혹독한 평가를 받았다. 3년간 거의 아무 곡도 쓰지 못했을 뿐 아니라 자살을 생각할 정도로 심한 우울증에 빠졌다. 투자자들에게까지 압박을 받았던 그는 마침내 자살을 시도한다. 그러나 자살은 실패로 그치고 만다. 자살의 실패 후 그는 많은 것을 깨닫는다.

'그래, 죽을 각오로 다시 살자. 그리고 열심히 연습하자.'

각오를 단단히 한 그는 굳어진 손으로 피나게 피아노 연습을 한다.

루빈스타인은 악보를 한 번만 보면 즉시 곡을 연주할 정도로 실력이 뛰어났다. 그래서 실력은 뛰어났지만 연습은 많이 하지 않은 피아니스트로 알려졌다. 하지만 자살 소동 후 뼈저리게 자신의 게으름을 반성한다.

연습에 연습을 거듭한 끝에 루빈스타인은 세계적 피아니스트로 등극하게 된다. 그는 미국에서 크게 성공을 거두는데 1946년에 미국에 귀화하게 된다.

세계 최대 화장품업체인 로레알의 오언 존스 회장은 첫 제품으로 개발한 헤어스프레이가 회사에 막대한 손실을 보았음에도 불구하고 자신의 실패를 숨기기는커녕 공론화하여 이를 기반으로 높은 매출 증가를 기록하고 승승장구하였다.

누구나 실패를 겪는다. 그런데 어떤 사람은 자신의 실패를 자산으로 삼는가 하면 어떤 사람의 그 실패를 깊은 좌절감만 남기는 실패라는 경험에 그치고 만다. 루빈스타인은 자살이라는 최악의 시도를 통해 자신의 부족함을 인정하고, 성장하는 계기로 만들었다.

소중한 책으로 남기고 싶은 아이디어나 원고가 있으신 분은 도서출판 책읽는달
(이메일 : bestlife114@hanmail.net)로 보내주세요.

당돌하게 다르게
후츠파로 키워라

초판 1쇄 인쇄 2014년 6월 3일
초판 1쇄 발행 2014년 6월 13일

지은이 문서영
펴낸이 문미화
펴낸곳 책읽는달
주 소 서울시 영등포구 양평로 149
　　　　 우림라이온스밸리 1차 A동 1408호
전 화 02)2638-7567~8
팩 스 02)2638-7571
블로그 http://blog.naver.com/bestlife114
출판등록 제2010-000161호

ⓒ 문서영, 2014
ISBN 979-11-85053-10-3 (13370)

※ 이 책의 무단전재와 무단복제를 금하며, 책 내용의 전부 또는 일부를 이용하려면
　 반드시 책읽는달의 동의를 받아야 합니다.
※ 잘못된 책은 본사나 구입하신 곳에서 바꾸어 드립니다. 책값은 뒤표지에 있습니다.